THREE IN ONE CONCEPTS

TOOLS of the TRADE

Workshop-Buch

von
Gordon Stokes und
Daniel Whiteside

Übersetzt von
Veronika M. Guckert

VAK Verlag für Angewandte Kinesiologie GmbH
Freiburg im Breisgau

Titel der amerikanischen Originalausgabe:
Tools of the Trade – for Understanding and Trusting our Self
© Gordon Stokes/Daniel Whiteside, 1991
Published by THOTH INCORPORATED, Carson City / NV
ISBN 0-918993-25-3

Die Deutsche Bibliothek – CIP-Einheitsaufnahme

Stokes, Gordon S.:
Tools of the trade : Workshop-Buch / von Gordon Stokes
und Daniel Whiteside. [Übers.: Veronika M. Guckert]. – 2. Aufl. –
Freiburg im Breisgau : VAK, Verl. für Angewandte Kinesiologie, 1992
(Three in one concepts)
Einheitssacht.: Tools of the trade <dt.>
ISBN 3-924077-41-X
NE: Whiteside, Daniel:

© VAK Verlag für Angewandte Kinesiologie GmbH, Freiburg 1992
2. Auflage: 1992
Übersetzung: Veronika M. Guckert
Lektorat und Layout: Norbert Gehlen
Druck: Poppen & Ortmann, Freiburg
Printed in Germany
ISBN 3-924077-41-X

Wichtiger Hinweis

Wir bieten diese Techniken und Vorgehensweisen ausschließlich zur Information und Weiterbildung an. Weder die Autoren noch THREE IN ONE CONCEPTS präsentieren dieses Werk oder Teile davon als Diagnose oder als Heilmittel für den Leser. Die Beschreibung dieser Vorgehensweisen beinhaltet keine Empfehlung. Wir führen nichts vor, was die physiologischen Auswirkungen der Ideen zeigt, die wir beschreiben. Wer die Test- und Korrekturtechniken aus diesem Buch anwendet, tut dies auf eigene Verantwortung. Dennoch werden alle ernsthaft am Studium von Korrekturen für Legasthenie Interessierten viele anregende Gedanken in diesem "HANDWERKSZEUG" finden.

Wahl, die auf Erinnerung beruht

Entscheidungen, die wir in der Gegenwart treffen, werden beeinflußt durch die Freuden und Leiden, die wir in der Vergangenheit erlebt haben. Entscheidungen, die wir heute treffen, bestimmen natürlich unsere Zukunft. Wenn wir die Traumata aus der Vergangenheit auflösen und die Freuden verstärken können, werden wir Entscheidungen treffen, die die Art von Zukunft schaffen, die wir wirklich haben wollen.

Inhalt

Am Anfang ...

Während wir heranwuchsen, fingen wir uns
die Überzeugungen unserer Eltern ein, wie
man sich jede andere soziale Krankheit ein-
fängt: als Akt der Liebe. Sie liebten uns –
oder sagten, daß sie es täten. Wir liebten sie
– oder dachten, daß wir es täten. Sicherlich
erwarteten sie, daß wir sie lieben, und wir
erwarteten, daß sie uns lieben. Welche Beziehung ist intimer als die zwischen einem
Kind und seinen Eltern? Ob sie aus Liebe
oder Zuchthaus besteht – sie dauert länger
als die meisten Ehen.

Und obwohl man sich schwer vorstellen kann, daß irgendein
Erwachsener *absichtlich* ein kleines Kind in die Irre führt – welcher
Erziehende kann es schon vermeiden? Wir alle sind zu jeder Zeit
unserer eigenen Unwissenheit und unseren eigenen Vorurteilen
ausgeliefert. Wir haben die Glaubenssysteme unserer Eltern *aufge-
saugt*, einfach, indem wir mit ihnen zusammen waren.

Sie haben geredet, wir haben zugehört. Wahr oder falsch – was sie
sagten, war *Gesetz*. Auch wenn es uns nicht zusagte, haben wir die
meisten ihrer *Überzeugungen* als *Tatsachen* hingenommen, die zu
offensichtlich waren, um sie zu hinterfragen.

Im Namen der Liebe erwarteten sie, daß wir uns entsprechend
ihrer Vorstellung von *Perfektion* verhalten sollten. Im Namen der
Liebe strengten wir uns an, perfekt zu sein. Egal wie sehr wir uns
auch bemühten – haben wir in ihren Augen jemals wirklich *Erfolg*
gehabt? Oder später in den Augen unserer Schullehrer? Hat es
irgendeiner von uns geschafft, irgendeinen von ihnen *absolut* zu-
friedenzustellen?

Natürlich nicht; nicht absolut. Sie wollten uns auf *ihre* Art und
Weise perfekt haben; wir waren so perfekt, wie wir auf *unsere* Art und
Weise sein konnten.

Es war unvermeidlich, daß wir mit schmerzhaften Erfahrungen
und verletzten Gefühlen, mit Beschimpfung und Beschämung fertigwerden mußten. Ein gut Teil von uns (besonders die Männer
unter uns) gab es schließlich auf, Gefühle *auszudrücken*, um nicht
weiterhin Kritik, Korrektur oder Verdammung zu riskieren. Einige
von uns kamen zu der Überzeugung, daß es nicht gut genug sei,
unser Bestes zu tun; also haben wir angefangen Wege zu suchen, um
nur das Mindeste zu tun und – damit durchzukommen. Welche
Alternative hatten wir: Kaum nahmen wir die Überzeugungen der

einen Autorität an, schon hörten wir gegensätzliche Überzeugungen von einer anderen Autorität!

Wie konnten wir im Angesicht so vieler widersprüchlicher Informationen Verwirrung vermeiden? Wie konnten wir irgend jemandem vertrauen, geschweige denn uns selbst? Niemand lehrt ein Kind die Fähigkeit, mit Ängstlichkeit oder Depression fertigzuwerden.

Begeisterung, Sicherheit und Ebenbürtigkeit? Sie flogen aus dem Fenster. Statt dessen fanden wir Feindseligkeit, Verlustangst, Kummer und Schuld. Weil es schwer ist, mit solchen Emotionen zu leben, überdeckten wir sie mit Widerstand, Zorn und Groll. Warum auch nicht? Das ist genau das, was die Erwachsenen taten. Wir haben es tatsächlich von ihrem Beispiel gelernt. Und wir lernten noch SCHLIMMERES.

Wenn sie logen, lernten wir lügen. Wenn sie ihre Gefühle verleugneten, taten wir das auch. Wenn sie weiße Flecke in ihrer Wahnehmung hatten, war das unser Leitbild. Wenn sie Lernschwierigkeiten hatten, war es für uns in Ordnung, ebenfalls solche zu haben. Wenn sie sich nicht an ihre Verpflichtungen hielten, warum sollten wir das tun? Wenn sie Furcht und Angst auslebten, lernten wir, daß das der richtige Weg sei. Wenn sie feindselig waren, waren wir das auch.

Sie benutzten Liebe als Belohnung und als Bestrafung. Warum sollten wir das nicht genauso machen? Wenn sie grausam zu uns waren, gaben wir diese Grausamkeit an kleinere Kinder, Tiere oder Insekten weiter. Sogar wenn uns ihr "erwachsenes" Verhalten abschreckte, lernten wir, daß man sich so benehmen muß, um in dieser Welt zu überleben.

Dann gibt es da noch Kino und Fernsehen. Wenn zumindest unsere Eltern Gewalt, Körperverletzung und Mord ausklammerten, lernten wir darüber mit Sicherheit von Leinwand und Mattscheibe. Und Sex? Da kann man erst recht von Doppeldeutigkeit, von doppelten Botschaften sprechen! Einerseits sahen wir das Beispiel unser eigenen Eltern, auf der anderen Seite erzählten Film und Fernsehen eine völlig andere Story.

Wie steht's mit Religion und Politik? Als Jude, Christ, Moslem oder Buddhist aufzuwachsen, beinhaltet ein weiteres Bündel voller Überzeugungen, Vorurteile und Einschränkungen, die jeden anderen Aspekt des Lebens beeinflussen.

Noch bevor wir sechs Jahre alt wurden, waren die Würfel gefallen. "Ihr" Verhalten wurde zu unserem Verhalten; wir übernahmen ihre Einstellungen und Gewohnheiten. Zu einem weit größeren Ausmaß, als uns damals bewußt wurde, lehrten uns Eltern, Erzieher/innen, der Bildschirm und unsere Freunde "die Wahrheit über diese Welt".

Ach, wenn wir damals nur erkannt hätten, daß unvorteilhafte Gewohnheiten, Einstellungen und Verhaltensweisen uns ein Leben lang bleiben – außer wenn (und bis) wir eine andere Einstellung wählen. Aber wer von uns hat schon als Kind gemerkt, daß wir *tatsächlich* eine *Wahl* hatten, außer der Möglichkeit, *Widerstand* zu leisten?

Das Ergebnis? Die meisten von uns wuchsen in dem Glauben auf, "daß mit mir etwas nicht stimmt". Und wir hatten recht! In Wirklichkeit mußten wir das Wissen *unterdrücken, wie* falsch wir tatsächlich lagen. So schleppten wir uns dahin, angekettet in den Fesseln der Kindheit, es ging uns immer schlechter statt besser, und all unser Leid rührte von den Themen *Perfektion* und *Leistung*. Perfektion und Leistung – die beiden größten eingebildeten Sorgen, denen wir im Leben begegnen. Sie verfolgen uns von Kindheit an.

Ja, wir lernten das Spiel des Lebens nach jenen uralten Regeln zu spielen, die nur Angst, Schuld, Gleichgültigkeit und Trennung verursachen. Diese antiquierten Regeln, die von Generation zu Generation weitergegeben wurden, haben noch nie funktioniert, um Glücklichsein oder Selbstentwicklung hervorzubringen. Sie haben unsere Urgroßeltern im Stich gelassen, sie haben unsere Großeltern im Stich gelassen, sie haben unsere Eltern im Stich gelassen, und sie werden auch uns im Stich lassen.

Was wäre, wenn uns jemand als Kind gelehrt hätte, daß jedes menschliche Wesen WÄHLEN kann, was es glauben will, und daß Glaubenssysteme sich der Erfahrung und dem Wissen anpassen? Was wäre, wenn uns jemand gelehrt hätte, daß jedes menschliche Wesen mit einem einzigartigen genetischen Muster ausgestattet ist, das sonst niemand auf der ganzen Welt hat? Was wäre, wenn man uns beigebracht hätte, daß es eine Tugend ist, Fehler einzugestehen, und daß es vollkommen natürlich ist, seine Meinung zu ändern?

Was wäre, wenn Eltern lehren würden, daß jeder für sich selbst die einzige QUELLE von Glück, Gesundheit und Wohlergehen ist?

Was wäre, wenn wir merken würden, daß jeder von uns den Stoff, aus dem sein Leben besteht, aus seinen *eigenen* Überzeugungen und Erwartungen webt? Was wäre, wenn wir uns selbst von den Verhaltensweisen befreien könnten, die uns in die Erwartungen anderer einsperren? Was wäre, wenn wir die Sicherheit hätten, die Anregungen, die aus den Glaubenssystemen von jemand anderem kommen, nur dann anzunehmen, wenn sie mit unseren eigenen Gedanken über das Leben im allgemeinen übereinstimmen?

Was wäre, wenn wir *wüßten,* daß das physische Universum, das wir wahrnehmen, eine *Spiegelung* unseres eigenen Glaubenssystems ist? Was wäre, wenn wir *bis in die tiefste Seele* von der *Macht* unseres bewußten Denkens überzeugt wären, Ziele zu setzen, die unser inneres Selbst verwirklichen kann? Genau das ist der Punkt, um den es in diesem Buch geht, und das Ziel dieses Kurses: **MEHR von deiner eigenen Autorität und ihrer inneren Stärke zurückzugewinnen.**

Wir von THREE IN ONE CONCEPTS fanden heraus, daß der beste Weg zu diesem Ziel ist, die Traumata aus der Vergangenheit zu identifizieren und abzuklären, die die Wahrnehmung in der Gegenwart einschränken, um den Menschen eine WAHL zu geben, wenn sie fühlen, daß sie *jetzt* KEINE WAHL haben.

Ob diese Beschränkungen als sogenannte Lernschwierigkeiten zutage treten oder als unangemessenes (oder sogar zerstörerisches)

Verhalten – das *System*, das wir anwenden, *funktioniert. Menschen ändern sich zum Positiven, und diese Veränderungen halten an.*

Auf den ersten Blick halten viele Leute unser ONE BRAIN-System gelinde gesagt für unkonventionell. Wenn dir ein konventionelles System geholfen hat, positive Veränderungen in Verhalten und physischer Gesundheit hervorzurufen – wunderbar! Doch trotz wissenschaftlicher Fortschritte und trotz aller Vorteile unserer Zeit sind viele Menschen noch genauso durcheinander wie vor zigtausend Jahren.

Es regiert noch immer die äußere Autorität; Regierungen ignorieren immer noch die wichtigsten Anliegen ihrer Bevölkerung, es werden immer noch Kriege geführt, und das alles nur, weil wir als Individuen unsere eigene Autorität verleugnen. Nur sehr wenige von uns haben jemals auf sich selbst als die einzig gültige Quelle für die ENTSCHEIDUNGEN vertraut, die unser Leben beeinflussen. Aber welche andere Möglichkeit gibt es denn, um sich besser zu fühlen und besser zu werden? Alles andere haben wir doch schon ausprobiert. Warum noch immer das Offensichtliche übersehen?

THREE IN ONE CONCEPTS bedeutet die Integration von Körper, Geist und Seele. Wenn wir diese drei Aspekte des Selbst miteinander zu einem Ganzen verbinden, werden wir zuversichtlich genug, um unser Leben zum Positiven zu verändern; zuversichtlich genug, um eine positive Auswirkung auf das Leben derer zu haben, die wir lieben. Und dadurch, daß es ihnen auch besser geht, haben wir die Macht, aus diesem Planeten eine Welt zu machen, auf die wir wirklich stolz sein können!

Wir alle schaffen uns unsere eigene Wirklichkeit.

Tools of the trade

Zur Klärung von Themen, die mit blockierter Wahrnehmung zu tun haben, wenden wir folgende Techniken an:

● PRÄZISIONS-MUSKELTESTEN – Biofeedback von dir selbst als Quelle.

● Durch Muskeltesten werden wir herausfinden, wo deine Themen auf dem VERHALTENSBAROMETER stehen. Das Verhaltensbarometer ist unser einzigartiger Musterbogen, der zeigt, was du möchtest, was du nicht möchtest und wie sich dein Bewußtsein, dein Unterbewußtsein und dein Körper in bezug auf diese Themen fühlen.

● Ebenfalls mit Hilfe des Muskeltests finden wir die PROZENTZAHL der NEGATIVEN und POSITIVEN EMOTIONALEN LADUNG, die du in diese Themen investiert hast. (Negative Ladung verursacht Blokkaden in den normalen Körperfunktionen; Positive Ladung zeigt den Grad der Motivation, die du hast, "es dir besser gehen zu lassen".)

Damit du die negativen Emotionen, die diese Blockaden in das Energiesystem deines Körpers eingebracht haben, ablösen kannst, benutzen wir dann:

● STIRN-HINTERKOPF-HALTEN (Gehirnintegration)

● KREATIVE BILDLICHE VORSTELLUNG – wobei ein positives Bild "infundiert" (eingegeben) wird, um die negative Programmierung zu ersetzen, die dich davon abgehalten hat, das zu erreichen, was du möchtest.

Und ...

● ALTERSREZESSION – wobei eine Zeit in Erinnerung gerufen wird, in der du Entscheidungen triffst, die Deine WAHLMÖGLICHKEITEN in der GEGENWART beeinflussen, und ...

● ALTERSPROGRESSION – wobei positive Veränderungen im Verhalten visualisiert werden.

Nun geht es schrittweise an das Erlernen dieser Techniken ...

Präzisions-Muskeltesten

Biofeedback vom Körper

Der einzige uns bekannte Weg, wie man das Glaubenssystem umgehen (und zu deiner persönlichen Wahrheit gelangen) kann, ist der Muskeltest. Wenn du mit dem Muskeltest schon vertraut bist, kennst du das absolut erstaunliche Körper-Gehirn-Feedback, das er liefert. Solltest du hingegen diese Art, Biofeedback von Körper und Gehirn zu erhalten, gerade erst entdecken, steht dir ein besonderer Genuß bevor. Der Muskeltest bringt direkten Kontakt mit *allen* Ebenen der Selbsterkenntnis. Er zeigt ganz klar, daß jeder einzelne selbst die *einzige* Quelle für Informationen über die eigene individuelle Lebenserfahrung ist.

Und warum nicht "einfach fragen"?

Eine direkte, ehrliche Frage garantiert noch keine direkte, ehrliche Antwort. Bewußte Antworten sprechen nicht von den Wahrheiten, die wir *verleugnet* und ins Unterbewußtsein verdrängt haben. Wir beschränken uns dadurch, daß wir uns *aussuchen, woran* wir uns erinnern wollen und *wie* wir uns daran erinnern *wollen.* Wir planen unsere bewußten Antworten, um uns "so perfekt wie möglich" erscheinen zu lassen – entsprechend unserem derzeitigen Glaubenssystem.

Eine wahrhaft direkte, ehrliche Antwort muß beides enthalten, sowohl das, was das bewußte Denken jetzt gerade glaubt, als auch das, was das unterbewußte Denken aufgrund von vergangener ANGST, Schmerz oder Angst vor Schmerz verleugnet. Eine direkte, ehrliche Antwort muß unsere *gesamte* Lebenserfahrung von der Empfängnis bis zum heutigen Tage enthalten.

Unsere Glaubenssysteme beherrschen das Bewußtsein. Sie beruhen darauf, "perfekt sein zu müssen und Leistung bringen zu müssen". Was wir glauben *wollen* ist möglicherweise nicht das, was wir wirklich glauben. Was geschieht nun, wenn unsere bewußten Überzeugungen in direktem Gegensatz zu der wesentlich stärkeren *unterbewußten* Realität stehen?

Du könntest beispielsweise auf der bewußten Ebene der Erkenntnis *glauben:* "Ich bin ein guter Mensch." Trotzdem, unter dieser bewußten Überzeugung könnte die unterbewußte Überzeugung liegen, daß "ich ein guter Mensch sein muß, weil ich so wertlos bin" oder "weil es der einzige Weg ist, um akzeptiert zu werden" oder "weil niemand mich mögen würde, wenn er mein wahres Ich kennen würde".

Ein anderes Beispiel ist die bewußte Überzeugung, daß "ich hart arbeite, um erfolgreich zu sein". Was geschieht, wenn das Unterbewußtsein sagt: "Mit mir ist nichts anzufangen" oder "Die ganze Welt ist gegen mich" oder "Geld ist schmutzig" oder "Ich bin wie mein Vater, und der hatte nie Geld"?

Was geschieht, wenn das bewußte und das unterbewußte Denken solch einen Konflikt haben? Selbstsabotage, Unentschlossenheit, Versagen und Verwirrung. Aus diesem Grund können wir uns *bewußt* über ein Thema im klaren sein – und trotzdem ändert sich nichts zum Guten.

Zum Beispiel: Eine Frau besuchte unser Seminar "SCHLECHTE-STE GEWOHNHEIT / LÄNGSTE LÜGE" und schrieb hinterher: "Ich habe im Laufe der letzten zwanzig Jahre meinem Psychoanalytiker Hunderte von Stunden und Tausende von Dollars geopfert. Während all dieser Zeit kam nie meine Furcht davor, mich in einer Menschengruppe zu befinden, zur Sprache. Jetzt, nachdem sie identifiziert und abgelöst ist, hat sich mein ganzes Leben verändert, genau wie meine Gefühle, wenn ich mit Leuten zusammen bin. Jetzt fühle ich mich zum ersten Mal in meinem Leben *heil.*"

Unser ONE BRAIN-System beschäftigt sich mit allen Ebenen der Erkenntnis, nicht nur mit der bewußten. Dadurch fördert es *Kommunikation und Übereinstimmung* zwischen diesen Ebenen, so daß positive Veränderung tatsächlich stattfinden kann. Biofeedback von Gehirn und Körper ergibt keine doppelten Botschaften. Der Muskeltest erlaubt uns, diejenigen unterdrückten negativen Emotionen zu identifizieren und abzulösen, die die positiven Veränderungen, die wir in unserem Leben haben wollen, sabotieren.

Muskeltesten ist Gehirntesten

Unser THREE IN ONE-Muskeltest "testet *nicht* Muskeln"; mit seiner Hilfe testet man die Gehirnhemisphären. Deshalb testen wir beide Arme gleichzeitig. Wir möchten sicher gehen, daß Übereinstimmung zwischen der rechten und der linken Hemisphäre besteht.

Übereinstimmung zwischen den Gehirnhemisphären?

Ganz recht. Die linke Gehirnhälfte enthält die Allgemeine Integrations-Zone (AIZ). Diese verknüpft alle ankommenden sensorischen Daten und baut sie in unser gegenwärtiges Glaubenssystem ein, damit wir reagieren, indem wir beibehalten, wovon wir glauben, daß es in unserem besten Interesse sei. Die AIZ ist dort, wo unser Selbstbild und unsere Selbsteinschätzung "leben". Sie ist unserem Überleben verschrieben, *so wie wir bis zum jetzigen Augenblick sind. Kontrolle* ist ihr Hauptanliegen. Basierend auf unserer Lebenserfahrung bietet sie uns die Quintessenz dessen, was wir "bereits wissen".

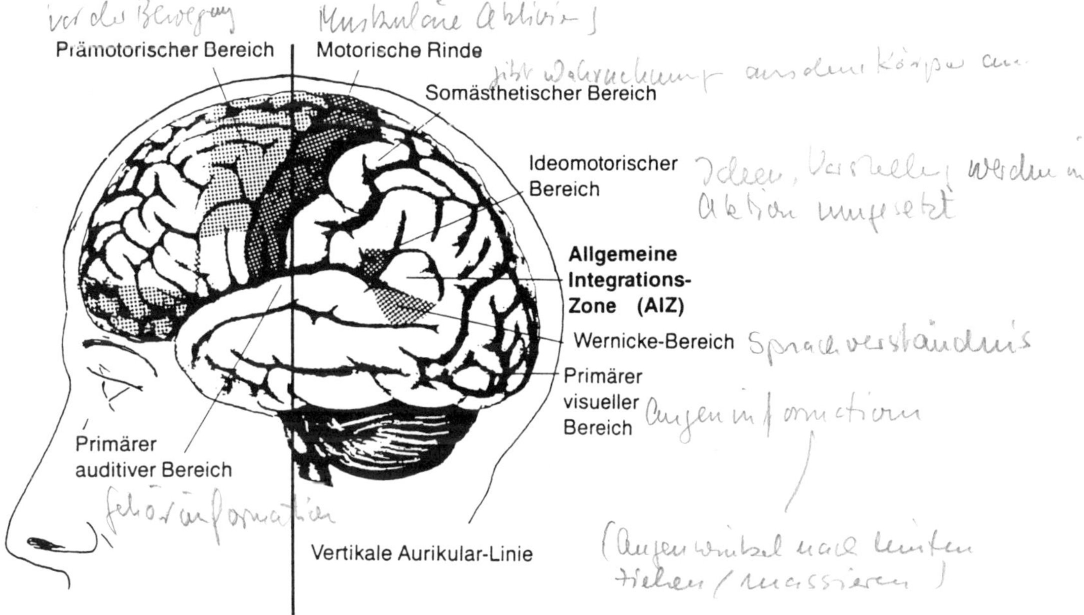

Die rechte Gehirnhälfte hat eine völlig andere Aufgabenbeschreibung und einen völlig anderen Blickwinkel. Sie ist der Kreativität und Erkenntnis verschrieben, die *nicht* auf der "Realität" beruhen, welche wir bis zu diesem Augenblick für wahr halten.

Sie beschäftigt sich nicht mit vergangenen Ängsten, Schmerzen, Überzeugungen oder Beschränkungen. Sie bietet uns "alles andere". Mehr als das – sie ist ein unbestechlicher Zeuge, wenn es um das Gedächtnis geht. Sie erinnert sich an die ganze Wahrheit, nicht nur an den *Teil der Wahrheit*, an den wir uns erinnern wollen. Basierend auf der tatsächlichen Wahrheit unseres Lebens bietet sie uns die Quintessenz von dem, *"was wir werden könnten"*.

Aus diesem Grund und als zusätzliche Garantie dafür, daß Muskeltesten die bestmögliche Informationsqualität bringt, testen wir bei THREE IN ONE zu allen Themen beide Arme gleichzeitig.

Wenn wir den rechten und den linken Arm gleichzeitig testen, aktivieren wir BEIDE Gehirnhälften, um eine Antwort des GESAMTEN GEHIRNS zu erhalten.

Das umgeht jegliche "Einmischung" durch das derzeitige Glaubenssystem des Betreffenden und/oder jegliche unterbewußten Doppelbotschaften. Dies ermöglicht uns auch eine ausgeglichene Antwort auf jedes Thema, nachdem wir Zugang zu den Erinnerungsspeichern des rechten und des linken Gehirns haben.

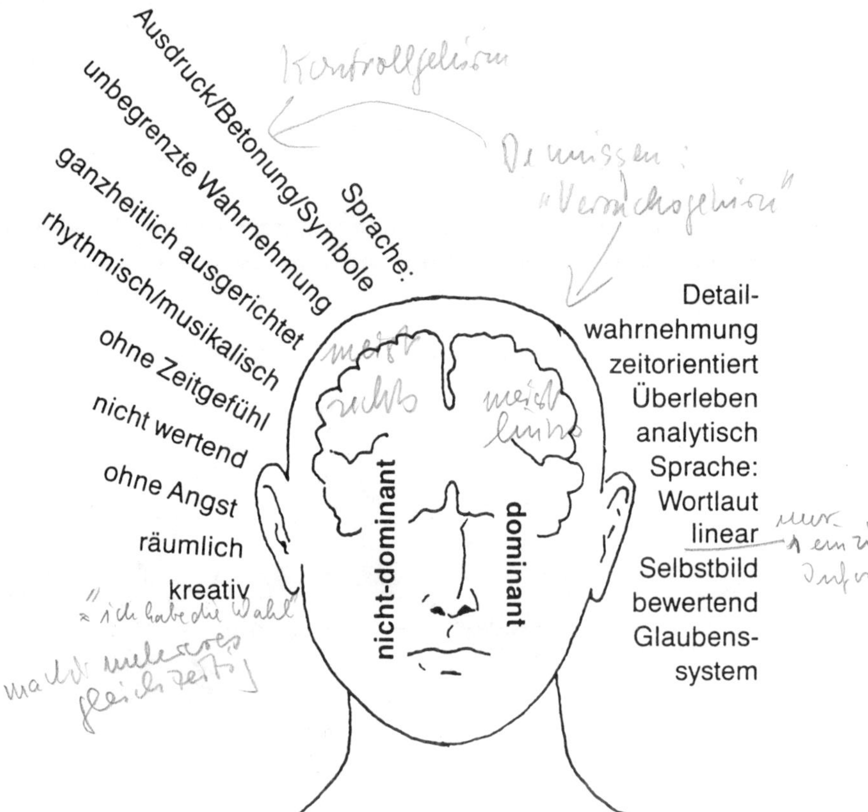

Sobald beide Gehirnhälften gleichrangig arbeiten, können wir einen ehrlichen Bericht darüber erhalten, wie Emotion den Körper beeinflußt – genauso wie darüber, wie blockierte Energie und blockierte Wahrnehmung zu ent-blocken ist.

Was blockiert Energie und Wahrnehmung? Negative Emotionale "Ladung" (wie wir es nennen) – die intensive elektrische *Energie* negativer Emotion. Negative Emotionale Ladung erzeugt eine negative muskuläre Reaktion = eine schwache Muskelreaktion. Zum Beispiel wird uns jemand, der schlechte Nachrichten überbringt, zunächst vorschlagen: "Bitte, setz' dich doch!" Wie bedacht! Wir könnten sonst nämlich umkippen! Diese altbekannte Schwäche in den Knien ist ein deutliches Anzeichen dafür, wie negative Emotion die Muskelfunktion beeinträchtigt.

Doch diese Auswirkung von negativem emotionalem Streß ist nicht auf extreme Schocksituationen beschränkt. Allein das *Hören* eines emotional geladenen WORTES erzeugt momentan eine negative Muskelreaktion. Das gleiche gilt für das *Sehen* von etwas, was uns erschreckt, oder die Erinnerung an ein traumatisches Erlebnis.

Muskeltesten ist sicher und sanft

Unser THREE IN ONE-Standpunkt ist ganz klar: Die Person, die getestet wird, ist immer AUSSCHLAGGEBEND. Wir nehmen nicht an, daß wir die Antworten haben; wir sind nicht "die Autorität". Nur der/die Getestete selbst hat die Information, die er/sie braucht. Nur diese Person kennt die Wahrheit. Unsere Meinung bedeutet nichts im Vergleich dazu, was der Körper dieser Person über seine "eigenen Bedürfnisse" weiß.

Unsere Arbeit beschäftigt sich mit *Selbsterziehung* und verbesserter Wahrnehmung. Wir möchten, daß die Menschen diejenigen Überzeugungen und Ängste identifizieren und ablösen, die sie an einem *erfüllten* Leben gehindert haben.

Die großen Themen: Vermeidung und Verleugnung

Das Verfahren, mit dem wir uns selbst durcheinanderbringen, ist ebenso vernichtend wie einfach.

Angst, Schmerz und Angst vor mehr Schmerz lassen uns an unserer eigenen Autorität zweifeln. Normalerweise werden wir mit diesen unangenehmen Gefühlen fertig, indem wir Erfahrungen und Erlebnisse vermeiden, verleugnen oder ihnen Widerstand leisten.

Widerstand erzeugt Konflikt, der noch mehr Angst, Schmerz und Angst vor noch mehr Schmerz erzeugt. Das wiederum bewirkt eine endgültige Entscheidung, dieses Thema oder diese Beziehung zu vermeiden oder zu verleugnen.

Als ob das nicht schon schlimm genug wäre, *ziehen wir das*, was wir vermeiden oder verleugnen, *wieder und wieder an*. Diese wiederholten negativen Erfahrungen, die wir anziehen, zeigen lediglich auf, was verleugnet worden ist. Dann bewirken diese verleugneten Erfahrungen, daß wir uns in unserer Umgebung ausweglos fühlen.

Gerade *weil* wir diese Themen vermeiden oder verleugnen, fühlen wir uns machtlos, irgend etwas dagegen zu tun, und so enden wir im Leiden. Wenn wir diesen Prozeß erst einmal verstanden haben, können wir über das Wie, Was und Wann der Regie unseres Lebens entscheiden. Erlebnisse und Erfahrungen sind zum Lernen und zur Entwicklung da, und Erfahrung wiederholt sich nur so lange wie notwendig.

Sobald wir es verstanden haben, ist die Wiederholung negativer Erfahrung nicht länger notwendig, und wir sind frei weiterzugehen. In dem Moment, in dem wir diese bewußte Erkenntnis *haben*, merken wir, daß wir willens sind, neue Alternativen und Möglichkeiten in Betracht zu ziehen.

Überblick

Beginnend mit TOOLS OF THE TRADE ermöglichen unsere Seminare es dir, die grundlegenden Themen unseres physischen und emotionalen Lebens zu ergründen. Die ersten drei Seminare (TOOLS OF THE TRADE, BASIC ONE BRAIN und ADVANCED ONE BRAIN) enthalten hauptsächlich die Techniken, das Know-how (das WIE). In den folgenden vier Seminaren wird das Know-how angewendet, um die eigenen Themen (das WAS) systematisch nach Vorgabe aufzulösen. Solltest du ein *Facilitator** für diese Arbeit werden wollen, möchten wir, daß du so viel Klarheit wie möglich in dir und über dich selbst hast, genauso wie Klarheit in den Themen, mit denen deine Klienten fertigwerden müssen. Geht's nicht letztendlich genau darum?

Du liest dies, weil du merkst, daß THREE IN ONE dir die Möglichkeit anbietet, "es dir besser gehen zu lassen". Es wird dir besser gehen. Um wieviel besser, hängt jedoch ganz allein von dir ab, nicht von uns.

Unsere Verantwortung (und die Verantwortung unserer Facilitators) ist es, das Material so klar wie möglich darzubieten. Deine Verantwortung ist es, das Material zu benutzen und für dich arbeiten zu lassen.

TOOLS OF THE TRADE beinhaltet alle Grundlagen, mit denen du in all unseren Programmen arbeiten wirst. Und die erste und wichtigste Grundlage ist das Testen eines Muskels mit "klarem Funktionskreis". Das ist der Schlüssel zu jeglicher privaten und beruflichen Anwendung dieser Arbeit.

Die Vorgehensweise bei diesem Muskeltest ist leicht und einfach. Man fängt damit an, daß man *einen* geeigneten *Indikatormuskel* ** für die Person festlegt, die man testet.

---

* Facilitator = jemand, der anderen den Weg erleichtert, indem er diese Fertigkeiten anwendet und weitergibt; mit "Lehrerlaubnis".

** Indikator = Anzeiger, Meßinstrument.

Die Testmuskeln

Bitte immer um Erlaubnis!

Bevor du irgendeine Frage oder irgendein Thema testest, frage und teste immer:

"Haben wir die Erlaubnis, diese Frage / dieses Thema zu testen?"

Wenn nicht, TU'S NICHT!

Teste auch immer zu Anfang:

"Gibt es irgendeinen Grund, nicht mit dieser Person zu arbeiten?"

Wenn es einen gibt, TU'S NICHT!

Bei den meisten Menschen sind am leichtesten die Armmuskeln zu testen. Wir fanden heraus, daß der *Deltoideus anterior* und/oder der *Pectoralis major clavicularis* am besten geeignet sind, damit sich die getestete Person während des Testens bequem fühlt.

Deltoideus anterior

<u>Kontraktion</u>: Den gestreckten Arm 30 Grad gerade nach vorne oben heben (lassen), die Handfläche weist nach unten bzw. zum Körper. Mit sanftem, leichtem Druck oberhalb des Handgelenks nach unten hinten drücken.

<u>Extension</u>: Der gestreckte Arm wird – mit der Handfläche nach hinten – gerade nach unten gehalten (natürliche Ruheposition). Mit sanftem, leichtem Druck oberhalb des Handgelenks den Arm nach vorne oben in Richtung Kontraktion ziehen.

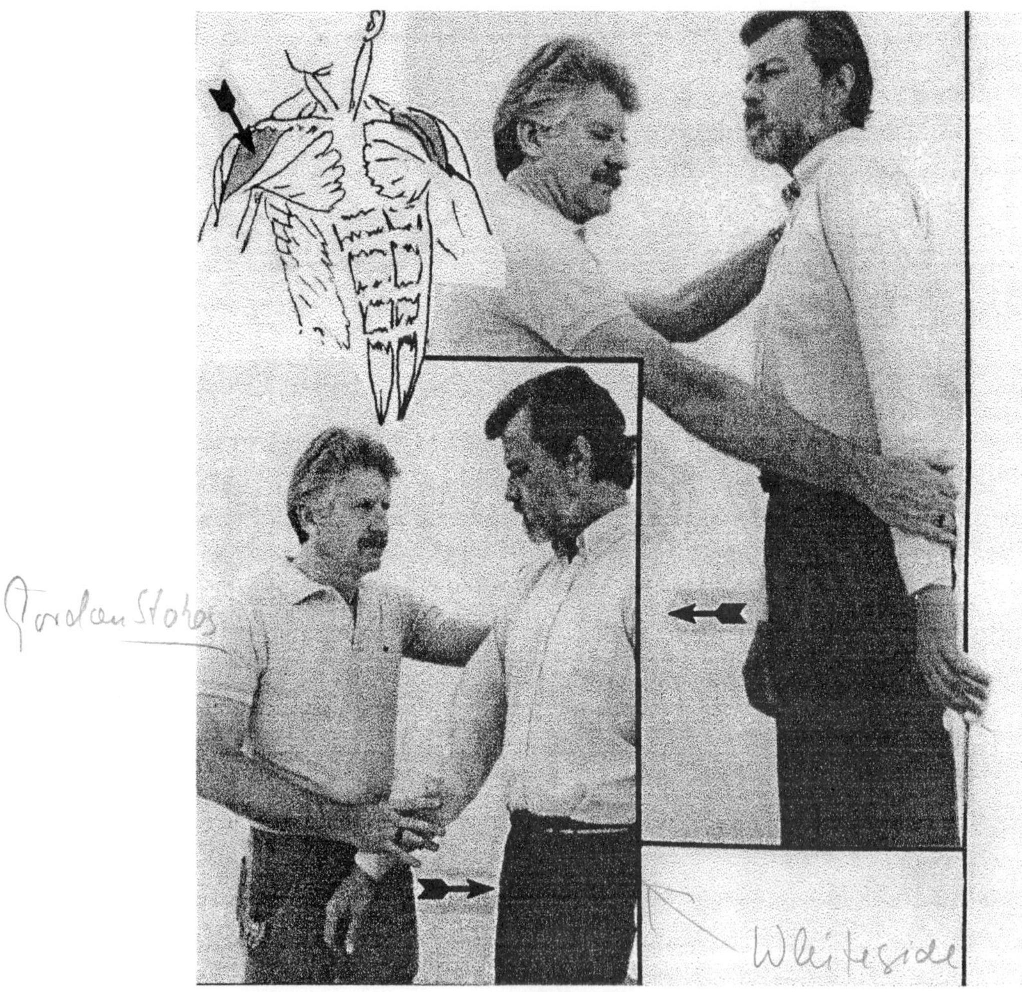

Definitionen:

Muskeln sind über Sehnen mit unterschiedlichen Knochen verbunden. Der "Ursprung" eines Muskels ist die Verbindungsstelle, die "fest" bleibt (z. B. Schultergürtel oder Brustbein), während "Ansatz" die gegenüberliegende Verbindungsstelle ist, an der der Muskel "ansetzt", d. h. der Knochen, den er bewegt (z. B. Oberarmknochen).

"Kontraktion" heißt, daß Ansatz und Ursprung eines Muskels so nahe wie möglich zusammengebracht werden (= die Muskelfasern sind zusammengezogen).

"Extension" heißt, daß Ansatz und Ursprung eines Muskels so weit wie möglich auseinandergezogen werden.

Beim Testen beziehen sich die Begriffe Kontraktion und Extension auf zwei verschiedene Testpositionen für ein und denselben Muskel.

Pectoralis major clavicularis

<u>Kontraktion</u>: Der gestreckte Arm wird gerade nach vorne gehoben (im 90-Grad-Winkel zum Körper; parallel zum Boden), der Daumen weist zum Boden, die Handfläche nach außen. Mit sanftem, leichtem Druck oberhalb des Handgelenks den Arm nach unten außen (etwa 45 Grad) drücken.

<u>Extension</u>: Der gestreckte Arm (Daumen nach hinten und Handfläche nach außen) wird in etwa 45 Grad seitlich und in etwa 45 Grad zum Boden gehalten. Mit sanftem, leichtem Druck oberhalb des Handgelenks den Arm nach oben und nach innen in Richtung Kontraktion ziehen.

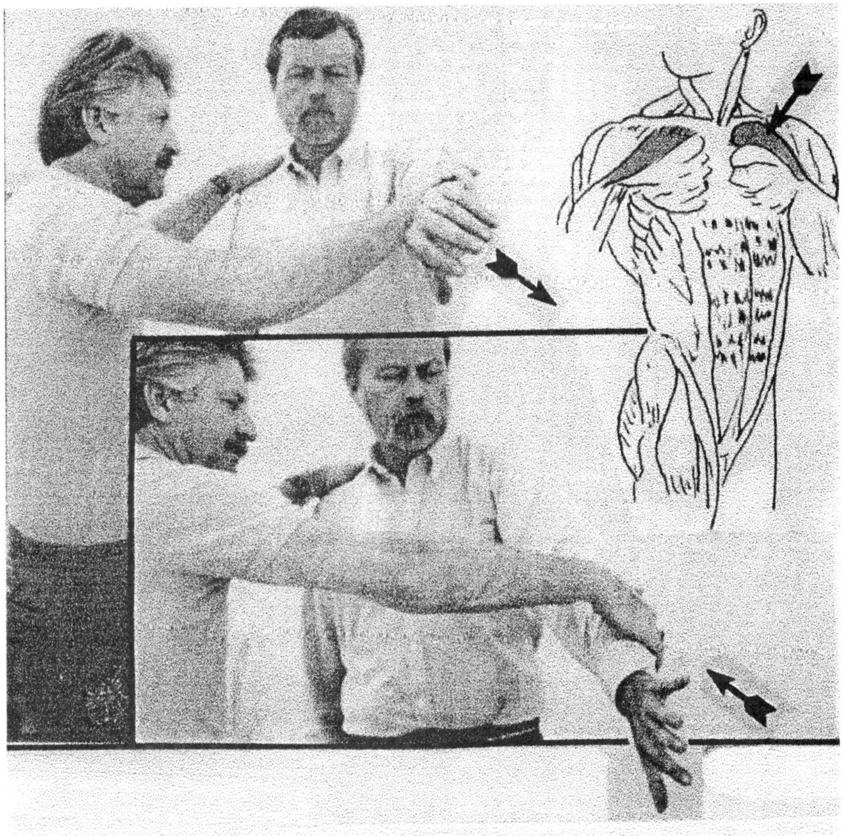

Selbst wenn du ein völliger Neuling im Muskeltesten bist, wirst du innerhalb kürzester Zeit hervorragende Ergebnisse erzielen. Alles was du brauchst, ist Übung. Also – hier ist die Gelegenheit dazu …

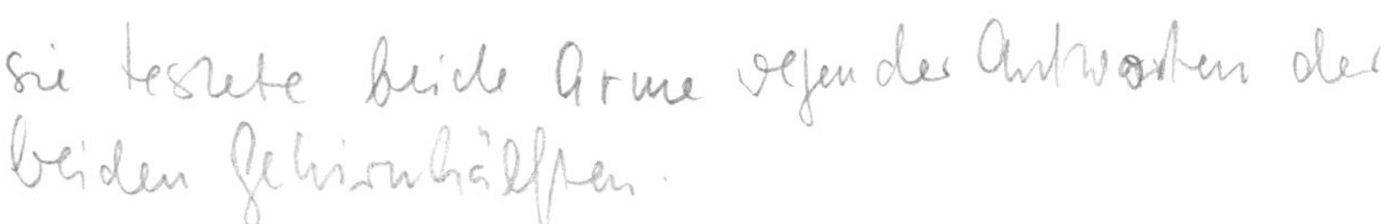

Entdecke, was deine Arme zu sagen haben!

Wechsle dich mit einem Partner ab, während ihr die folgenden Bilder betrachtet.

Beurteilt diese Tests nicht. Wer macht sich schon was draus? Ihr testet emotionale Stressoren. Da gibt es kein "Richtig" oder "Falsch", keine Erwartungen. Es ist alles eine Sache des individuellen Glaubenssystems. Beobachtet nur einfach:

1. ob ihr klare Indikatormuskel-Wechsel bekommt [der Muskel hält mühelos stand / der Muskel gibt nach].

2. ob die Arme deines Testpartners sich nach oben bewegen, wenn du sie testest (ob sie deinem Druck "entgegenkommen").

Wenn die Arme dir beim Testen "entgegenkommen", bring' sie einfach wieder in die ursprüngliche Testposition, bevor du weitermachst: "Ein 'Ja' ist hier, und ein 'Nein' geht die ganze Strecke nach unten."

Denke daran, LEICHT, SANFT und LANGSAM zu testen. Wende nur gerade soviel langsamen, sanften Druck an, wie notwendig ist, um zu spüren, ob der Muskel standhält oder nachgibt, während dein Partner die einzelnen Bilder anschaut.

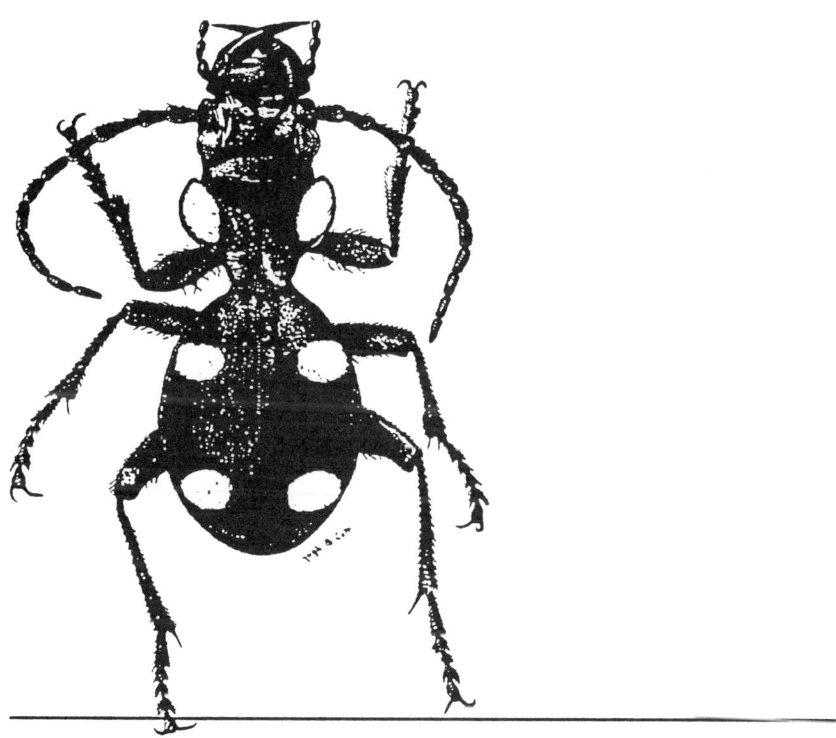

Nun teste jede der folgenden Situationen:

> Denke daran, daß du in einem Stau in der
> Stadt oder auf der Autobahn feststeckst.
>
> Denk' an die Steuern oder das Finanzamt.
>
> Denke an eine bestimmte Beziehung, die dir
> Ärger oder emotionalen Kummer macht.

Wie wär's mit jemandem, mit dem du dich
immer wohlfühlst?

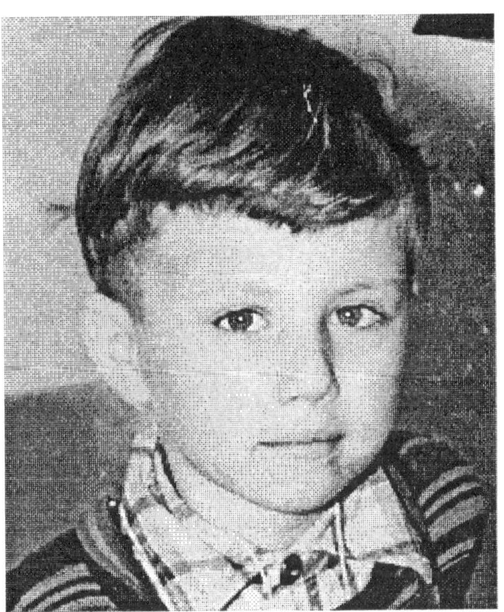

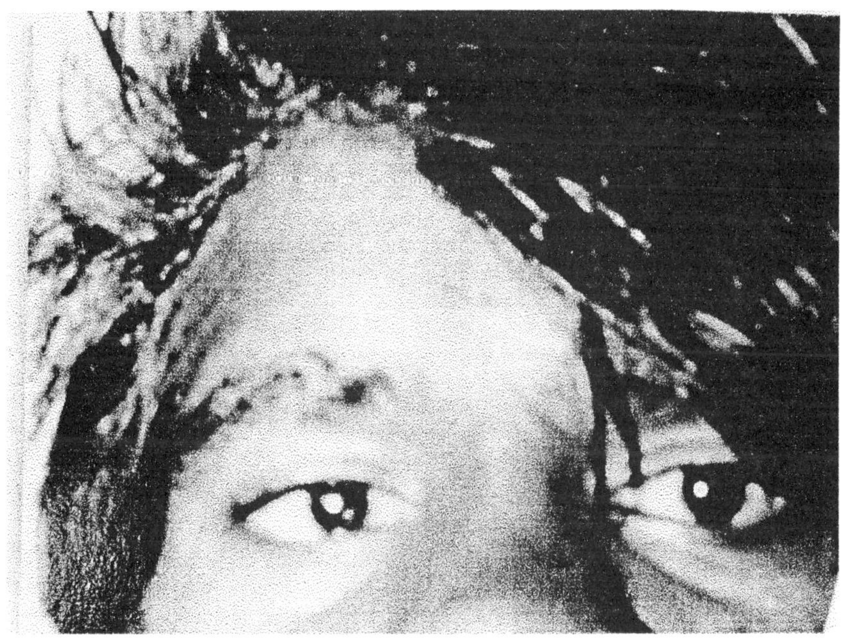

    Bei den Bildern auf dieser und auf den folgenden Seiten teste
zunächst die Gesichter als ganze und dann einzelne Teile: Lippen,
Augen, Stirn, Kinn usw.

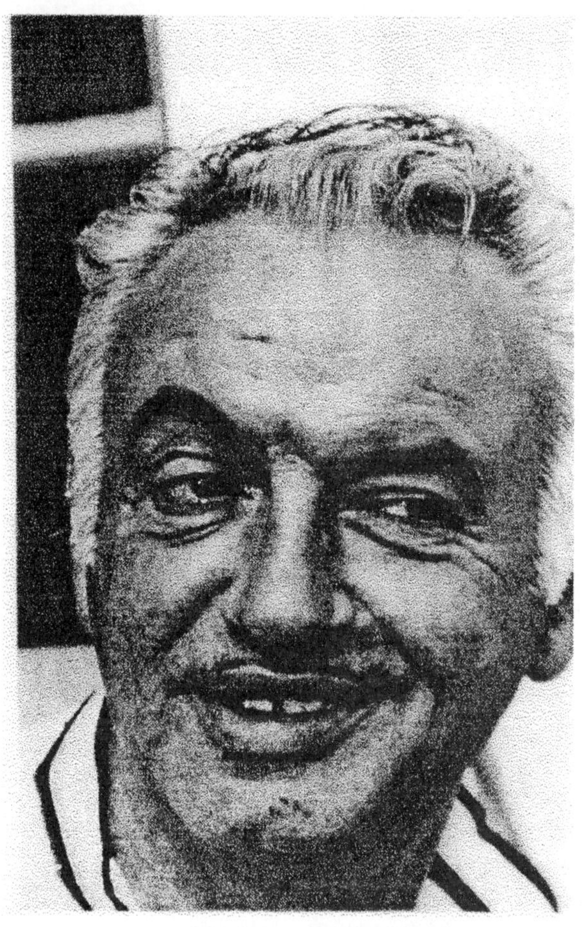

Möglicherweise hat dein Facilitator Düfte (Parfums oder Gewürze) oder sogar Nahrungsmittel zum Probieren während des Testens bereitgestellt.

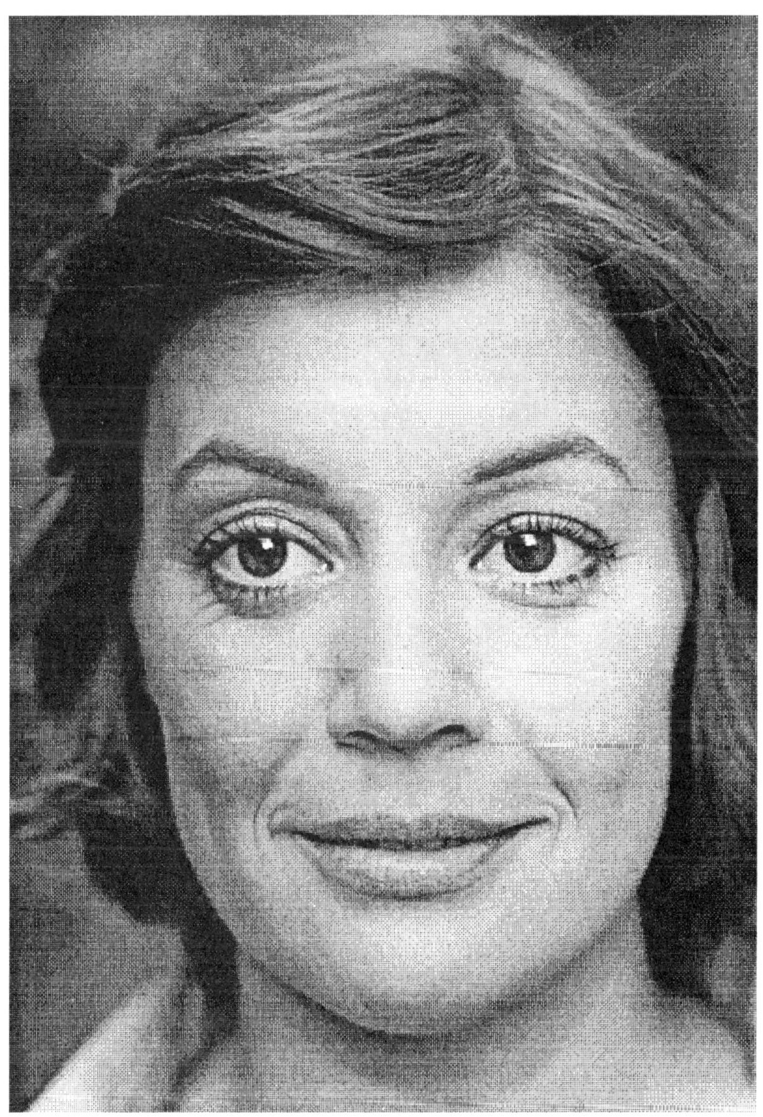

Wenn deine Arme bei allen bisherigen Tests stark geblieben sind, könntest du dich für die nun folgende Demonstration von BLOCKIERTEN MUSKELN als Freiweillige/r melden.

Arbeite immer mit einem Muskel mit klarem Funktionskreis!

Ein MUSKEL MIT KLAREM FUNKTIONSKREIS ist ein Muskel, der:

a) sowohl in Kontraktion als auch in Extension "standhält" und

b) durch Beeinflussung seiner Propriozeptoren sediert (beruhigt) und wieder angeregt werden kann.

Ein MUSKEL MIT KLAREM FUNKTIONSKREIS ist einer, bei dem wir uns wirklich darauf verlassen können, daß er uns während des Testvorgangs immer qualitativ einwandfreies Biofeedback gibt. (Ein Dankeschön an Rick Utt, der das ausgetüftelt hat!)

Definitionen:

"Sedieren, beruhigen" heißt einen Muskel durch Beeinflussung seiner Propriozeptoren schwächen.

"Anregen" heißt den normalen Muskeltonus und die normale Muskelfunktion – ebenfalls durch Beeinflussung der Propriozeptoren dieses Muskels – wiederherstellen.

"Propriozeptoren" sind gewissermaßen "Meßfühler" in Muskeln und Sehnen, die den jeweiligen Bewegungs-/Spannungszustand wahrnehmen und über Nervenzellen an das Gehirn weitermelden. Wir sprechen hier speziell von den Spindelzellen im Muskelbauch (der "dickste" Teil bzw. das Zentrum). [Die Spindelzellen messen die Länge der Muskelfasern; ihre Verlaufsrichtung ist also längs (parallel) zu diesen.]

Zum Beruhigen (Schwächen): die Spindelzellen im Muskelbauch zusammendrücken.

Zum Anregen (Stärken): die Spindelzellen im Muskelbauch auseinanderziehen.

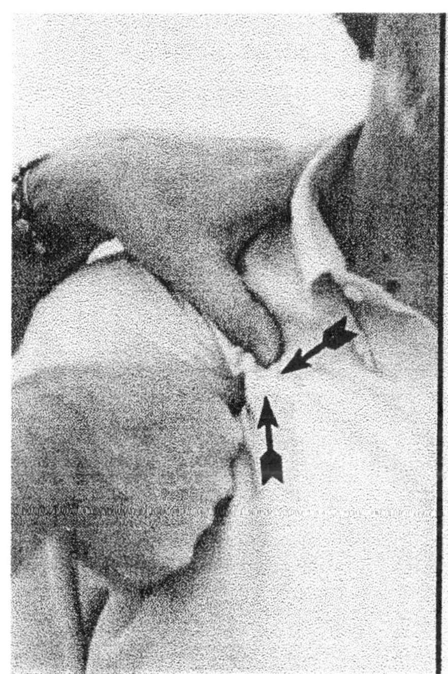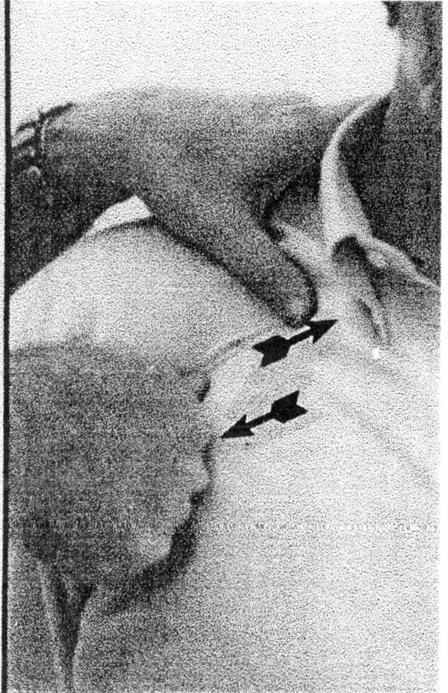

Beruhigen   Anregen

Testvorbereitung
================

Testvorbereitung

Bevor du tatsächlich jemanden testest ...

Zeige deiner Testperson ihre "Aufgabenbeschreibung". Bringe ihre Arme in die Testposition. Sage ihr, daß der Arm in der Kontraktion stark bleibt, wenn das Testobjekt (z. B. das Bild) oder die Testfrage eine positive Wirkung hat bzw. wenn die Antwort "Ja" ist.

Dann sage: "Laß mich deine Arme bewegen." Bewege die Arme der Testperson in die *volle* Extension. Sage ihr, daß das eine negative emotionale Antwort und/oder ein "Nein" bedeutet.

Wenn du irgendeinen Widerstand auf dem Weg in die Extension spürst, ist es wichtig, diesen Widerstand aufzulösen, *bevor* du mit dem tatsächlichen Testen beginnst. Also sage nochmals: "Laß mich deine Arme bewegen." Bewege die Arme so oft von der Kontraktion hinunter zur Extension, bis deine Testperson eine freie Armbewegung zuläßt.

Jeglicher Widerstand, den du fühlst, kommt daher, daß deine Testperson andere Muskeln nicht entspannt – insbesondere die Schultermuskeln, und hier speziell den Trizeps, den Muskel für das Loslassen und Ausstrecken der Arme. Sprich das aus und berühre dabei die Muskeln, die am Loslassen und Ausstrecken beteiligt sind. Du brauchst soviel Entspannung in den Armen wie möglich, um klare Testergebnisse zu erzielen.

Während du weiterhin die Arme bewegst, sage dazu: "Ein Ja bleibt hier in der Kontraktion stehen. Ein Nein oder eine negative emotionale Antwort geht den ganzen Weg bis zur Extension hinunter."

Fange nicht mit dem Testen an, bevor deine Testperson dazu bereit ist, eine freie Bewegung der Arme zuzulassen. Beginne dann das Testen damit, eine definitive Ja- und eine definitive Nein-Antwort zu finden. Wenn du kein deutliches Ja und Nein bekommst, wiederhole: "Laß mich Deine Arme bewegen" ... Mache deiner Testperson ihre Aufgabe von Anfang an absolut klar.

Wenn deine Testperson ihren Armen erlaubt, entspannt zu antworten:

1. Teste den Indikatormuskel rechts und links sowohl in Kontraktion als auch in Extension. (Siehe Bild.)

2. Beruhige den Muskel. Gehe zum Muskelbauch und drücke sanft, aber bestimmt die Spindelzellen in Faserverlaufsrichtung zusammen. Benutze dabei die beiden Daumen und beginne in einem Abstand von etwa 3 cm. **Nachtesten:** Der Muskel sollte jetzt *nicht* "standhalten".

3. Rege den Muskel an. Ziehe die Spindelzellen im Muskelbauch in Faserverlaufsrichtung auseinander, indem du mit beiden Daumen zum Zentrum gehst und sanft, aber bestimmt in Richtung Ansatz bzw. Ursprung streichst. **Nachtesten:** Der Muskel sollte nun "standhalten". Das zeigt, daß du einen INDIKATORMUSKEL MIT KLAREM FUNKTIONSKREIS hast.

Als Tester/in ...

Auch als völliger Muskeltest-Anfänger wirst du hervorragende Ergebnisse erzielen, wenn du die folgenden Grundregeln beachtest:

1. EINGESTIMMTSEIN: Du betreibst nicht "Muskeltesten" im Wortsinn, sondern du *stimmst* dich auf die *Energie* deiner Testperson *ein*. Erwarte nichts weiter, als jeden Indikatorwechsel *wahrzunehmen*.

Definition: "Indikatorwechsel" heißt, daß der Testmuskel von "Standhalten" (stark) zu "Nachgeben" (schwach) wechselt oder umgekehrt.

2. SICHERHEIT: Vertraue deiner Testfähigkeit. Gute Resultate werden sowohl dich als auch deine Testperson sicher werden lassen, und ihr werdet die Verbindung schätzen lernen, die durch deine sanfte, eingestimmte Berührung zustandekommt.

3. INTERESSE: Zeige ungeteiltes Interesse an deiner Testperson, am Testverlauf und an dem, was ihr entdeckt. Schenke deiner

Testperson deine volle Aufmerksamkeit, blende jegliche Befangenheit aus, die du vielleicht spürst.

[handschriftliche Notiz: Alle Möglichkeiten von Suggestion ausschalten; also nicht in die Augenschauen]

Und im allgemeinen ...

Benutze eine sehr sanfte, sehr leichte Berührung. Du brauchst überhaupt keinen Druck. Lasse einfach deine Hände auf den Armen deiner Testperson liegen. Bleibe beim Testen immer locker und LEICHT.

Während du testest, "drücke" lllaaannngggsssaaam in Richtung Extension, bis du fühlst, daß der Muskel "einrastet" (etwa drei "Reise"-Zentimeter oder weniger an Bewegung). Das "Einrasten" ist ein Gefühl des "Angehalten-Werdens", ein "Bis zu diesem Punkt und nicht weiter", über den hinaus du Gewalt anwenden müßtest, um den Arm zu bewegen. Sobald du den "Einrastpunkt" gefunden hast, behalte den Kontakt bei und verringere lllaaannngggsssaaam den Druck.

Bleibe in Kontakt mit dem Arm deiner Testperson für mindestens eine Sekunde vor, während und nach jedem Testdruck.

Sage vor jedem Test das Wort "Halten", um deinem Partner zu signalisieren, daß du jetzt anfängst. Und, um sicher zu sein, daß du ruhig und kontrolliert bist: **atme ein, bevor du testest, und atme aus, während du testest.**

Erinnere die Testperson daran, während des Tests zu ATMEN, weil man dazu neigt, in solchen Situationen die Luft anzuhalten. Entspannt euch und atmet – alle beide. **Habt Spaß dran!**

Nach ein paar Übungssitzungen wird der Muskeltest so leicht und bequem wie informativ werden.

Als Testperson ...

Wenn du getestet wirst, wende dieselben Grundregeln an: EINGESTIMMTSEIN, SICHERHEIT und INTERESSE.

Stimme dich auf das *ein*, was dir dein Körper sagt. Das ist dein Job. Beunruhige dich nicht mit Gedanken und versuche nicht, deinen Körper dazu zu bringen, das zu sagen, was du glaubst, daß er "sagen sollte". Halte einfach deinen Arm in der Testposition stabil – leiste keinen Widerstand, entspanne dich einfach und "sei da".

Sei *zuversichtlich,* daß du positive Ergebnisse bekommst. Nur irrationale ANGST davor, die "Kontrolle zu verlieren", könnte dir einen Stolperstein in den Weg legen. Entscheide dich, "testfähig" zu sein. Der Muskeltest ist kein Spiel des Überwältigens, des Widerstandes, des Gewinnens oder Verlierens.

> Wenn dein/e Tester/in sagt "Halten": ATME EIN, dann atme langsam aus, wenn der Test beginnt – und atme während des ganzen Testgeschehens gleichmäßig weiter.

Außerdem: Halte deine Finger während des Testens voneinander getrennt. Geschlossene Handpositionen können das elektrische System des Körpers zum "Kurzschluß" bringen und Fehlinformationen erzeugen.

Was dein Körper dir zu sagen hat, wird sicher dein INTERESSE wecken. Es ist ein wirklich faszinierender Prozeß, wie du feststellen wirst – und so außerordentlich ERLEUCHTEND!

Muskeltesten mit klarem Funktionskreis

Sobald du weißt, daß du einen Indikatormuskel mit klarem Funktionskreis hast, teste weiter. Während des ganzen Testvorgangs gilt jedoch: Wenn du irgendeinen Zweifel an der Gültigkeit der Muskelreaktion haben solltest oder wenn die Antworten widersprüchlich oder verwirrend sein sollten, teste, ob die Person einen BLOCKIERTEN MUSKEL oder ÜBER-LADUNG hat.

Blockierte Muskeln

Manche Stressoren lassen den Muskel einrasten, so daß er *ausschließlich* "starke" Antworten gibt. Wir nennen das *Blockade*. Blockade bedeutet: "außerhalb der Gegenwart". Die Person ist in *Verleugnung* oder *Vermeidung* eines speziellen Themas oder einer bestimmten Emotion. Wenn du vermutest, daß eine Blockade eingetreten ist, teste eine Frage, die "Ja" (stark) erzeugen sollte. Dann teste nochmals die gleiche Frage, aber so formuliert, daß sie eine "Nein"-Antwort (schwach) hervorrufen müßte. Wenn der Arm daraufhin standhält, ist die Testperson *blockiert*.

Korrektur: Bitte einfach die Person zu atmen, mit dir zusammen "da" zu sein und zu beobachten, was mit dem Muskel passiert, während er getestet wird. Teste jetzt eine neue Frage, die auf eine "Ja"-Antwort hinausläuft. Teste die gleiche Frage sofort nach, aber so umformuliert, daß eine "Nein"-Antwort erfolgen muß. Die "Nein"-Antwort wird sich jetzt am Muskel zeigen.

Zur Erinnerung: Als Tester/in ist es deine einzige Aufgabe, die Information aus deiner Testperson herauszulocken, ohne deine eigenen Überzeugungen einzubringen.

Über-Ladung *(frühere "Switching")*

Über-Ladung bedeutet, daß unterbewußte ANGST aufgetaucht ist. Die Auswirkung ist etwa so, als ob man zu viele Stromabnehmer an eine einzige Leitung hängt. Entweder funktionieren die Geräte nicht richtig, oder sie bringen eine Sicherung zum Durchbrennen. In der Sprache der Körperenergie bedeutet Über-Ladung ein *Ungleich-gewicht der Polaritäten*. (Mit Polarität sind hier die magnetisch-elektrischen Energiefelder der rechten und linken Körperhälfte gemeint.) Dieses Polaritäts-Ungleichgewicht *dreht* Muskelreaktionen *um* und erzeugt so eine schwache Nein-Antwort statt Ja oder ähnlich verwirrende Botschaften.

Um Über-Ladung zu identifizieren: Den linken Arm erst mit der rechten Hand testen, dann denselben Arm mit der linken Hand testen. (Der rechte Arm hat eine andere Polarität als der linke.) Beide Arme gleichzeitig nachtesten, dann die eigenen Arme überkreuzen, um beide Arme mit anderer Polarität zu testen. Wenn in irgendeiner Stellung ein Indikatorwechsel erfolgt, gleich korrigieren.

Korrektur: Versichere deiner Testperson, daß die Ergebnisse des Muskeltests wirklich zu ihrem Nutzen sind und daß "nichts übersehen wird". Gib ihr die WAHLFREIHEIT, zu bewußter Aufmerksamkeit zurückzukehren und wieder verantwortlich für sich selbst zu sein. Wiederhole den Test (wie oben beschrieben), um sicherzugehen, daß die Arme in allen Positionen stark bleiben.

Wenn sich immer noch Über-Ladung zeigt, laß deine Testperson die in der nebenstehenden Abbildung gezeigten Akupunkturpunkte massieren, während sie sich über den Nabel erdet.

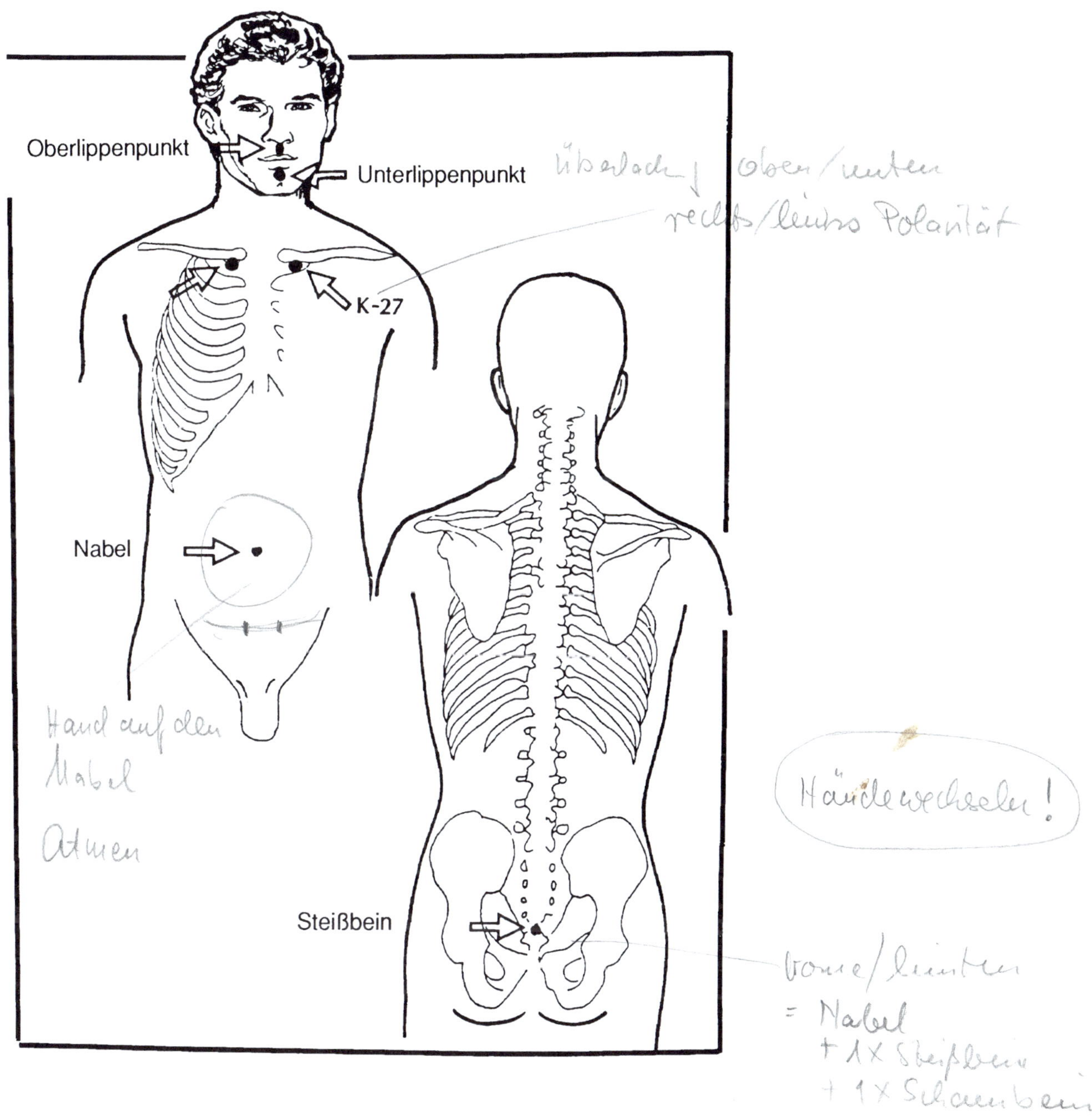

<u>Anmerkung</u>: Früher bezeichneten wir Über-Ladung als "Switching" ("Umdrehen") – eine bekannte, aber unrichtige Beschreibung dieses Phänomens. "Über-Ladung" ist eine passendere Beschreibung der Vorgänge, die im Körper geschehen, wenn unterbewußte Angst den Muskeltest durcheinanderbringt.

Was Muskeltesten leisten kann und was nicht

Als Muskeltester ist dein einziger Job der, die Testresultate zu ermöglichen, ohne deine eigenen Meinungen dazuzugeben. Halte dich an das ONE BRAIN-System. Würdige das, was dir die Arme deiner Testperson zu sagen haben. Laß dein persönliches Glaubenssystem aus dem Spiel. Das Glaubenssystem deiner Testperson ist das, was zählt.

Wissenschaftler sagen, daß wir nur zehn Prozent der Gesamtkapazität unseres Gehirns nutzen. In dem Ausmaß, in dem wir uns dazu für fähig halten, können wir verschiedene Bereiche des Gehirns aktivieren, die wir bislang nicht genutzt haben.

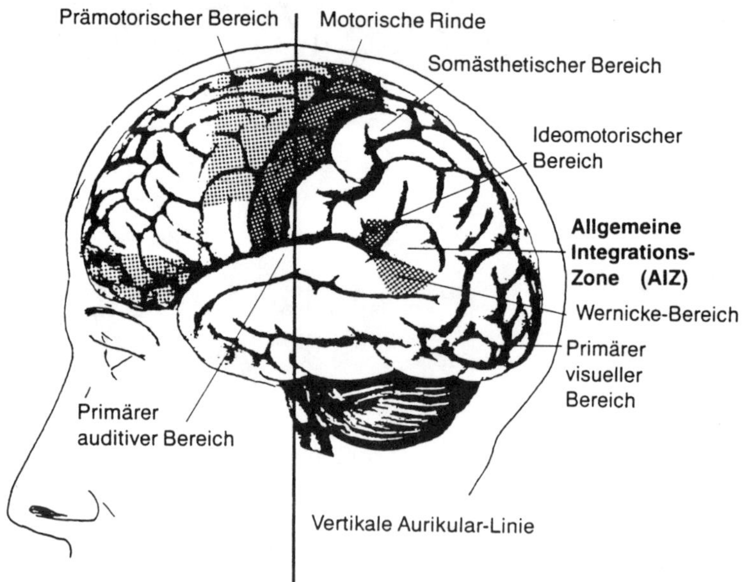

Unser Gehirn unterscheidet ein vergangenes Ereignis, an das wir uns lebhaft erinnern (so wie wir es wahrgenommen haben) von einem Ereignis, das jetzt gerade geschieht. Wir sind in der Lage, den Unterschied zwischen Erinnerung und gegenwärtigem Geschehen zu erkennen. Das gibt uns einen klaren Bezug zur Gegenwart und zu unserem derzeitigen Glaubenssystem. Tatsächlich haben wir ein spezielles Zentrum im Gehirn, das genau das tut. Es wird Allgemeine Integrations-Zone (AIZ) genannt, liegt auf der hinteren Oberfläche des *linken* Schläfenlappens und ist die bestimmende Kraft der gesamten linken Gehirnhemisphäre.

Diese AIZ befähigt uns, immer gleichbleibend – entsprechend unserem derzeitigen Glaubenssystem – zu funktionieren. Sie nimmt jede direkte sensorische Eingabe auf, vergleicht sie mit vergangener Wahrnehmung und veranlaßt uns, in Übereinstimmung mit den bisherigen Mustern zu re-agieren. Unsere Einstellungen und Gewohnheiten "leben" in der AIZ.

Der Muskeltest bringt uns mit weit mehr Gehirnbereichen in Kontakt als nur mit der AIZ. Er erlaubt uns, in die Erinnerungsspeicher zu gelangen, um unsere *innersten* Gefühle und Überzeugungen zu kontaktieren, die in der Gegenwart nicht klar zum Vorschein kommen. Er läßt dich wissen, wie sich eine Person bei Ereignissen fühlte, an die sie sich auf einer *bewußten* Ebene nicht deutlich erinnern kann.

Indem man die Negative Emotionale Ladung ablöst, die mit vergangenen Erlebnissen verbunden ist, kann man tatsächlich die *Auswirkungen* solcher Erinnerung auf die Gegenwart verändern. Indem wir die emotionalen Auswirkungen vergangener Erlebnisse verändern, können wir auch unsere Zukunft verändern, weil uns das frei macht, in der Gegenwart andere ENTSCHEIDUNGEN zu treffen.

Angenommen, du hattest als Kind ein bestimmtes Ziel im Kopf, zu dem du dich berufen gefühlt hast und auf das du hingearbeitet hast. Deine Absicht, Phantasie und Sehnsucht richteten deine Vorstellung in die Zukunft, wo du dich selbst in diesem Bereich gesehen hast, z. B. als Arzt, Priester, Anwalt, Lehrer, Feuerwehrmann, Bauer usw.

Jetzt, als Erwachsener, hast du einige Entscheidungen zu treffen und weißt nicht, welchen Weg du wählen sollst. Deine Verwirrung könnte aus einem Glaubenssystem kommen, das dir die Zuversicht verweigert, das zu erreichen, was du dir gewünscht hast. Möglicherweise fühlst du, daß dein Vorhaben ins Wanken gerät. Der Muskeltest kann deine vergangenen Erlebnisse aufdecken, die diese Selbstzweifel und den emotionalen Streß, die gegenwärtig im *Unterbewußtsein* vorhanden sind, verursachen. Wenn die Negative Emotionale Ladung abgelöst ist, die mit dem emotionalen Stressor aus der Vergangenheit verbunden ist, könntest du plötzlich entdecken, daß du dich frei fühlst, die Entscheidungen zu treffen, die notwendig sind, um dein Ziel zu erreichen.

<u>Beispiel</u>: Ein hingebungsvoller, kenntnisreicher junger Chiropraktiker hatte bereits eine Herzattacke erlitten, bevor er 24 Jahre alt war. Seine wunderschöne Praxis lag im besten Viertel einer wohlhabenden Stadt in Texas, stand aber kurz vor der Pleite. Er war bei seinem Vater bereits schwer verschuldet und "mußte" weiterhin mehr Geld leihen.

In der Sitzung fanden wir heraus, daß sein Vater von ihm erwartete, daß er eine Menge Geld verdienen müsse – wie er selbst (der Vater) es getan hatte. Dieser Vater hatte für die Ausbildung seines Sohnes keine Kosten gescheut. Das Beste war gerade gut genug für seinen Sohn. Der junge Mann selbst sah sich aber eigentlich als Landarzt in einer kleinen Gemeinde, wo er sich den

Menschen widmete. Der Sohn folgte nicht seinem eigenen Traum; er versuchte, die Erwartungen seines Vaters zu leben.

Sobald er wieder mit seinem Traum in Berührung gekommen war (durch Altersrückführung), war er in der Lage, die Anstrengung zu erkennen und loszulassen, die er unternommen hatte, um seinem Vater zu gefallen. So konnte er die Regie über sein eigenes Leben übernehmen. Er verpflichtete sich vertraglich, das zurückzuzahlen, was er schuldig war, und zog in einen anderen Staat, wo er in der Nähe der Berge eine Praxis aufmachte und wo er seinen Traum leben konnte. Nun kam auch der Erfolg für ihn.

Offensichtlich hätte er "es nicht geschafft", wenn er weiterhin den Traum seines Vaters gelebt hätte. Dadurch, daß er sich selbst in seiner Ganzheit angenommen hatte, bekam er die Kraft, seine Zukunft zu ändern, indem er die Vergangenheit ablöste.

Was der Muskeltest leisten KANN ist, dich in Verbindung mit dem Selbst zu bringen, das du vor Jahren in die Zukunft projiziert hast.

Auf dem Weg über die Altersrückführung kann er die traumatischen Situationen der Vergangenheit aufdecken, die den gegenwärtigen Fortschritt hemmen. Er kann auch die speziellen Energieblockaden identifizieren, in denen negative Emotion mit vergangenem Erleben verknüpft wurde. Die Resultate eines solchen Muskeltests ermutigen dich, weiterhin das Leben und die Realität zu schaffen, die du wirklich haben willst.

Wenn du dir selbst liebevolle Beachtung schenkst, wirst du deiner eigenen Richtung und deinen eigenen ENTSCHEIDUNGEN vertrauen. Das ist der Grund, warum wir unsere THREE IN ONE-Facilitators auffordern, keine Entscheidungen für ihre Klienten zu treffen. Es ist unerheblich, was *wir* glauben, "was das Beste, was du tun kannst, für dich wäre".

Die einzigen Lösungen, die funktionieren, kommen von den Betroffenen, die das Problem haben. Es ist immer eine individuelle Angelegenheit, die darauf beruht, was der/die Betreffende für wahr *hält*. Niemand kann über die Grenzen seines/ihres Glaubenssystems hinausgehen.

Es ist sinnlos, deine eigenen Lebenserfahrungen mit denen eines anderen Menschen zu vergleichen. Es ist genauso sinnlos, Entscheidungen für andere zu treffen oder zu versuchen, *sie zu retten*. Niemand hat genau die gleiche Lebenserfahrung, niemand versteht jemand anderen voll und ganz.

Der Muskeltest jedoch bringt dich so nahe wie überhaupt möglich an die Wahrheit eines anderen Individuums.

Unser Job als Tester/in ist es, diese enge Verbindung herzustellen und gleichzeitig die individuelle Lebenserfahrung des anderen zu würdigen.

Negative Erfahrung dient als positive Motivation

Je mehr du dir deiner eigenen Glaubenssätze bewußt wirst, desto effektiver kannst du mit ihnen arbeiten. Im Grunde genommen geht es hier ja um *Bewußtwerdung*. Je bewußter wir werden, desto weiter können wir die Grenzen unseres Glaubenssystems stecken. Je weiter sich diese Grenzen ausdehnen, desto mehr Fortschritt wird möglich.

Für andere entscheiden ist genauso nutzlos, wie über sie zu urteilen.

Es ist genauso töricht, deine negativen Überzeugungen zu bekämpfen, wie vor ihnen Angst zu haben. Viele von ihnen dienten zu der Zeit, als du sie geschaffen hast, einem guten Zweck. Nun brauchen sie nur *anerkannt und neu zusammengebaut* anstatt verleugnet zu werden.

Wenn du beispielsweise mit vierzig immer noch von deinen Eltern abhängst, ist das für dich nicht vorteilhaft (genausowenig wie für sie). Mit Hilfe von Muskeltest und Altersrückführung kannst du die Gründe dafür aufdecken und jede Negative Emotionale Ladung ablösen, die damit verbunden ist. Deine Abhängigkeit von ihnen könnte die Unabhängigkeit für euch alle drei blockiert haben.

Die sogenannte negative Emotion ist die stärkste Motivation zur positiven Veränderung. Angst führt uns dahin, Schritte in Richtung Selbstsicherheit zu gehen. Ein Gefühl der Getrenntheit führt uns dahin, Einssein zu erlangen. Groll gegen diejenigen, die keine Anteilnahme für dich zeigen, kann dich dazu veranlassen, positives Interesse an dir selbst zu entwickeln. Redlicher Zorn, der augenblicklich ausgedrückt wird, führt zu einer Bereitschaft zu positiver Veränderung.

Emotionen und Erlebnisse sind nur dann negativ, wenn sie als negativ wahrgenommen werden. Sie stellen nur das halbe Bild dar. Wir würden sie nicht als negativ wahrnehmen, wenn sie uns nicht davon abhalten würden, das zu bekommen, was wir *wollen*. Wenn wir sie als Ansporn benutzen, um von dem, was wir nicht wollen, zu dem zu kommen, was wir WOLLEN, geben sie uns mehr Motivation und Erkenntnis.

Bei THREE IN ONE endet der Muskeltest nicht mit der Identifikation und "*De*-fusion" (Ablösung) Negativer Emotionaler Ladung. Für jedes "Ich will nicht" gibt es ein "Ich *will*", das man identifizieren und "*in*-fundieren" (einflößen) kann.

Das Ziel unserer Arbeit ist BALANCE – Balance zwischen positivem und negativem Bewußtsein, Balance zwischen Vergangenheit und Gegenwart, Balance zwischen Körper, Geist und Seele. Das gilt für alles, was wir tun: für unsere Konzepte, unsere Seminare und für die Arbeit selbst – besonders in Einzelsitzungen.

Wie erreichen wir diese Balance? Indem wir die Integrität jeder Person als die einzig gültige Quelle für Informationen über das Selbst aufrechterhalten (bzw. wieder instand setzen). Wir sind dazu da, um Leuten zu helfen, das Bewußtsein zurückzugewinnen, daß es in ihrer eigenen Macht steht und an ihrer eigenen Autorität liegt, ob es ihnen besser geht.

Viele Menschen suchen Autoritäten außerhalb ihrer selbst, um die Antworten in wichtigen Lebenslagen zu finden. Diejenigen, die das tun, verleugnen ihre Fähigkeit, sich selbst zu verstehen und zu WACHSEN. Solange wir die Autorität über unser Wohlergehen jemandem oder etwas anderem überlassen statt uns selbst, liefern wir uns der Gnade der äußeren Umstände aus.

Durch das ONE BRAIN-System wirst du dich selbst wesentlich besser kennenlernen als vorher. Mehr noch: du wirst besser ausgerüstet sein, deine persönliche Realität zu handhaben. Schon das bloße Wissen, daß wir unsere eigene Realität schaffen, kann uns von beschränkenden Konzepten befreien, die uns in der Vergangenheit zurückgehalten haben.

Viele dieser Konzepte gehen auf frühen Kinderglauben zurück – manche davon wurden uns von einem wohlmeinenden Elternteil beigebracht, um uns zu beschützen. Wenn sie jedoch in das offene Licht des Bewußtseins gebracht werden, können wir sie leichten Herzens gehen lassen.

Es wird Zeit, daß du auf dich selbst vertraust, sonst wirst du immer andere fragen, was du tun sollst, und gleichzeitig denen grollen, bei denen du solchen Rat suchst.

Tu als THREE IN ONE-Tester/in nur das, was negative emotionale Ladung im Hier und Jetzt ablöst. Du und dein Klient, ihr habt eine Macht, die nur in der Gegenwart existiert – nicht in der Vergangenheit und sicherlich nicht in der Zukunft. Konzentriere dich ausschließlich darauf, die Negative Emotionale Ladung im Hier und Jetzt abzulösen.

Was man den Körper fragt und was nicht

Der Muskeltest funktioniert wie ein Ein-aus-Mechanismus. Was du den Körper per Muskeltest fragst, wird eine dieser beiden Antworten erzeugen. Was du testest, ist der emotionale Streß, der mit einer Frage, einem Thema oder einem Gefühl verbunden ist. Wenn du den Körper testest, stellst du ihm Fragen. Eine schwache Reaktion bedeutet negativen emotionalen Streß. Eine starke Reaktion bedeutet positive Emotion – eine bejahende Antwort.

Kannst du durch den Muskeltest exakte Informationen über deine Lebenserfahrungen in der *Vergangenheit* erhalten? Die *Genauigkeit* hängt von deiner Wahrnehmung der Wirklichkeit ab. Jeder hat eine andere Ansicht der Wirklichkeit. Wir können nur den negativen emotionalen Streß testen, der in der Situation empfunden wurde.

Wird dir der Muskeltest eine genaue Information über deine derzeitige Lebenserfahrung in der *Gegenwart* geben? NEIN. Streß auf einem Problem ist das einzig gültige Kriterium.

Kann er dir exakte Information über Deine Zukunft geben? NEIN. NEIN! NEIN!!!

Was dir der Muskeltest sagt ist, ob Streß mit einem Thema verbunden ist oder nicht. Wir arbeiten an dem Streß auf dem Problem, nicht an dem Problem selbst.

Was man <u>nicht</u> testet oder fragt

Stelle keine Fragen, die die ZUKUNFT oder KRANKHEIT betreffen. Nicht aus dem Grund, weil du keine Antwort bekommen würdest – du würdest schon eine bekommen, aber du würdest damit vielleicht nur die *Erwartung* der Testperson erfassen.

Was die Zukunft betrifft, gibt es keinen Grund, deine Zeit zu verschwenden. Zu viele Unwägbarkeiten vernebeln das Bild. Was Krankheit betrifft: Wir sind keine medizinischen Autoritäten. Mehr noch, wir beschäftigen uns NICHT mit Krankheit oder Krankheitssymptomen. Wir arbeiten daran, den negativen emotionalen Streß auf einem Thema abzulösen, nicht an dem Problem selbst.

<u>Beispiel</u>: Wenn jemand mit der Frage ankommt: "Habe ich Krebs?", so ist die Antwort: "Ärzte beschäftigen sich mit Krankheiten, wir arbeiten nur mit Energie. Was wir tun *können*, ist, die Negative Emotionale Ladung auf der Angst vor Krebs abzulösen. Dann wirst du ein gutes Gefühl haben, wenn es um die notwendigen ENTSCHEIDUNGEN zu diesem Thema geht."

Wenn man dich fragt: "Sollte ich eine Operation machen lassen?", lautet die Antwort: "Laß uns herausfinden, wieviel Streß du bei diesem Thema hast. Wir können diesen ablösen, damit du selbst eine angemessene ENTSCHEIDUNG treffen kannst."

Teste keine Fragen wie: "Welches Geschlecht hat das Kind, das wir gerade gezeugt haben?" Teste statt dessen: "Wieviel Streß ist damit verbunden, einen Buben oder ein Mädchen zu haben?"

Wenn jemand wissen möchte, welches Pferd das Rennen gewinnen wird, ist die Antwort: "Tut mir leid, aber wir testen keine solchen Fragen. Aber wir können den Streß ablösen, den du diesbezüglich hast!"

Auf Fragen wie: "Welcher Beruf wäre am besten für mich?" oder "Wie lange wird diese Situation noch andauern?" oder "Sollte ich die Scheidung einreichen?" ist die Antwort die gleiche: "Laß uns den Streß ablösen, den du bei dem Thema hast, damit du selbst eine sichere ENTSCHEIDUNG für dich treffen kannst."

Unsere Forschungen zeigen, daß der Muskeltest bei Themen in Gegenwart und Vergangenheit bis zu 97 Prozent zuverlässig ist – aber nur, wenn die Themen exakt identifiziert werden. Wie genau kann irgend jemand Ereignisse in der Zukunft oder den Verlauf von Krankheiten bestimmen (oder vorhersagen)?

Kann man den Muskeltest bei sich selbst anwenden?

Ja, mit bestimmten Muskeln, aber verschwende keine Zeit damit.

Unsere Forschungen machen es deutlich, daß der Selbsttest nur in 50 Prozent der Fälle stimmt. Warum sich also damit belasten? Du könntest genauso gut (ohne Test) eine ENTSCHEIDUNG treffen und mit den Ergebnissen leben. Wenn sich herausstellt, daß du mit deiner Entscheidung richtig liegst, super! Wenn du falsch getippt hast, kannst du deinen Irrtum korrigieren. Vertraue nicht auf ein Testergebnis, das nur mit 50 Prozent Wahrscheinlichkeit stimmt.

Arbeite immer mit einem Tester oder einer Testerin, dem/der du vertraust, von dem/der du weißt, daß er/sie den Muskeltest nur mit klarem Funktionskreis durchführt. Jeder andere Muskeltest ist nicht exakt genug. Warum?

Die Antwort folgt ...

Das Verhaltensbarometer

Annahme

Wahl treffen	• zugänglich
optimistisch	• annehmbar
anpassungsfähig	• würdig
verdienstvoll	• offen

WAHL

BEWUSST

Widerstand

angegriffen	• geplagt
in Frage gestellt	• belastet
genervt	• ungehalten
widersetzlich	• fehl am Platz

Bereitwillig

empfänglich	• fähig
bereit	• verantwortlich
ermunternd	• erfrischt
belebt	• gewahr

Zorn

erbost	• wütend
überreizt	• gärend
siedend	• wutentbrannt
geladen	• hysterisch

Interesse

fasziniert	• eingestimmt auf
erforderlich	• willkommen
verständnisvoll	• geschätzt
wesentlich	• fürsorglich

Groll

verletzt	• verlegen
verwundet	• benutzt/mißbraucht/verwirrt
nicht gewürdigt	• abgelehnt
verstummt	• gekränkt

Begeisterung

amüsiert	• jubelnd
bewundernswert	• anziehend
entzückt	• angeregt
lebendig	• vertrauensvoll

UNTERBEWUSST

Feindseligkeit

i. d. Falle hängen	• herumgehackt
ausgenutzt	• frustriert
beraubt	• sarkastisch
rachsüchtig	• vorenthaltend

Sicherheit

motiviert	• kühn
geschützt	• beherzt
mutig	• bedacht
liebevoll	• stolz

Verlustangst

ernüchtert	• nicht gehört
bitter	• enttäuscht
bedroht	• übersehen
verängstigt	• unerwünscht

Ebenbürtigkeit

beglückt	• kooperativ
beteiligt	• entschlossen
zuverlässig	• engagiert
aufrichtig	• produktiv

Kummer und Schuld

verraten	• unterworfen
entmutigt	• unannehmbar
selbstbestrafend	• verzweifelt
besiegt	• ruiniert

Eingestimmtsein

im Einklang mit	• in Übereinstimmung
im Gleichgewicht	• schöpferisch
wahrnehmend	• anerkennend
zart	• sanft

KÖRPER

Gleichgültigkeit

pessimistisch	• unbeweglich
starr	• betäubt
stagnierend	• empfindungslos
destruktiv	• abgekoppelt

Einssein

still	• geborgen
ruhig	• in Frieden
vereint	• vervollständigt
erfüllt	• Einheit

Trennung

vernachlässigt	• ungeliebt
unannehmbar	• ohne Liebe/nicht liebenswert
unwichtig	• schwermütig
morbid	• verlassen

Wahl / keine Wahl

© für die amerikanische Fassung: Three In One Concepts, Inc.
© für die deutsche Fassung: VAK Verlag für Angewandte Kinesiologie GmbH,
Zaslusstr. 67, D-7800 Freiburg, Tel. 07 61 - 7 27 29, Fax 07 61 - 70 63 84
Übersetzung: Alfred Schatz, Veronika M. Guckert, Michael Reiter

Das Verhaltensbarometer

Das (für uns einzigartige) Verhaltensbarometer ist eine erstaunliche "Straßenkarte" von Verhaltensmustern. Es bildet das Rückgrat *all* unserer Arbeit bei THREE IN ONE CONCEPTS. Auch wenn hier nicht die Zeit ist, seine Entstehungsgeschichte zu erzählen, möchten wir dich wissen lassen, daß es sich nicht aus intellektueller Gehirnakrobatik entwickelt hat. Niemand hat es "sich ausgedacht". Tatsache ist, daß wir über den Muskeltest zur jetzigen Form des Barometers gekommen sind. Jeden Tag finden wir mehr und mehr Anerkennung seiner Brauchbarkeit und Wirksamkeit.

Das Barometer ist so exakt, so unglaublich präzise, daß es geradezu ein eigenes Leben zu haben scheint. Mit Hilfe des Muskeltests kannst du die genauen Emotionen und Verhaltensweisen identifizieren, die dich von deinem ersehnten Geisteszustand trennen.

Wir benutzen den Muskeltest, um herauszufinden, was das Barometer zu deinem Thema sagt. Gleichwohl kannst du auch recht gut entdecken, wo du auf dem Barometer bist, wenn du es nur einfach *durchgehst*, während du an ein Thema denkst.

Die Überschriften und Stichwörter des Barometers erzählen eine vollständige Geschichte. Seine Worte haben eine fast magische Bedeutung – eins von ihnen wird dich "anspringen" als das richtige.

Die drei Ebenen des Bewußtseins

Wie man sieht, hat das Barometer drei Hauptebenen: Bewußtsein, Unterbewußtsein und Körper. Jede Ebene steht in direkter und *gleichzeitiger* Wechselwirkung mit den beiden anderen Ebenen.

BEWUSSTSEIN bedeutet genau das: Du nimmst bewußt wahr, was in der Gegenwart, im Hier und Jetzt, geschieht.

UNTERBWUSSTSEIN repräsentiert das vergangene Erleben, das direkten Einfluß darauf hat, wie (und warum!) wir uns in der Gegenwart so und nicht anders verhalten.

KÖRPER bezieht sich auf deine gesamte Lebenserfahrung *von der Empfängnis an*, auf jede einzelne Mikro-Sekunde. Die KÖRPER-Ebene liegt tatsächlich so nahe, wie wir dem Wesenskern, dem Selbst eines Menschen überhaupt kommen können, bei der unverfälschten Wahrheit über die Gesamterfahrung dieses Menschen.

Wie wir in der Gegenwart (bewußt) reagieren, hängt direkt von den ENTSCHEIDUNGEN ab, die wir in der Vergangenheit (unterbewußt) getroffen haben, wenn ähnliche Ereignisse stattfanden – was wiederum herrührt von unserer Gesamterfahrung des Lebens vom Augenblick der Empfängnis an (Körper). Wegen dieser gleichzeitigen Wechselwirkung der drei Ebenen bietet das Barometer immer eine dreidimensionale Sicht eines jeden Themas.

Wenn du erst einmal identifiziert hast, bei welcher Überschrift und bei welchem Wort der einen Ebene du dich befindest, weißt du gleichzeitig, wo du auf den beiden anderen Ebenen bist.

Jede Ebene hat drei Paare von Hauptkategorien

Das Schlüsselwort ist PAARE. Es mag auf den ersten Blick so aussehen, als ob du auf jeder Ebene mit sechs Kategorien zu tun hättest, aber das stimmt nicht. Du hast mit drei PAAREN von Hauptkategorien zu tun. Stelle dir jedes Paar als zwei Seiten einer Münze vor: als Kopf und Zahl, Yin und Yang; die eine Seite ist der ersehnte Geisteszustand, die andere ein emotionaler oder auch Gemütszustand; beide lösen *Verhaltensmuster* aus. Laß im Geiste beide Hälften des Paares eine Partnerschaft eingehen:

BEWUSST
Annahme / Widerstand
Bereitwillig / Zorn
Interesse / Groll

UNTERBEWUSST
Begeisterung / Feindseligkeit
Sicherheit / Verlustangst
Ebenbürtigkeit / Kummer & Schuld

KÖRPER
Eingestimmtsein / Gleichgültigkeit
Einssein / Trennung
Wahl / keine Wahl

So funktioniert es

Wenn du exakt identifizierst, wo du auf dem Barometer *bist*, zeigt es dir deine echten Gefühle *und* was du dir selbst durch unangemessenes Verhalten vorenthältst. Mehr: es gibt dir die WAHL in dieser Angelegenheit zurück.

Nehmen wir als Beispiel die drei Paare der bewußten Ebene. Das erste ist ANNAHME / WIDERSTAND.

Entweder du *nimmst* eine Situation so *an, wie sie ist* (unter Berücksichtigung dessen, wie du dich dabei fühlst), oder du nimmst die Position des Widerspruchs oder Widerstands in dieser Situation ein. Je nachdem, wie du dich entscheidest, kommst du zum nächsten Paar von Haupkategorien: BEREITWILLIG / ZORN.

Wenn du ANNAHME wählst, wirst du dich BEREITWILLIG finden, neue Möglichkeiten und Alternativen in Erwägung zu ziehen. Wenn du ZORN wählst, bist du außer Kontrolle. Wie auch immer deine WAHL ausfällt: Du gehst direkt zum nächsten Paar von Hauptkategorien: INTERESSE / GROLL. Indem du die Situation angenommen hast und bereit bist, positive Möglichkciten zu schaffen, wirst du zunehmend interessiert an positiven Ergebnissen. Wenn du WIDERSTAND gewählt hast, kann man sich kaum vorstellen, daß du dem ZORN entkommen bist. Ob herausgelassen oder unterdrückt, Zorngefühle führen immer zu verdrießlicher, schweigender, zurückgezogener FEINDSELIGKEIT.

Deine bewußte WAHL in der Gegenwart bezieht nun die unterbewußte Vergangenheit mit ein. Entweder verfällst du in frühere Muster, mit denen du dich selbst kaputtmachst, wie FEINDSELIG-KEIT, VERLUSTANGST, KUMMER UND SCHULD – oder du gehst dem Erfolg entgegen mit BEGEISTERUNG, SICHERHEIT und EBEN-BÜRTIGKEIT.

All das ist aufgebaut auf der gesamten Lebenserfahrung deines Körpers (von der Empfängnis an) hinsichtlich der Kernthemen. Wenn diese Gesamterfahrung positiv war, bewegst du dich durch EINGESTIMMTSEIN zu EINSSEIN, weil du weißt, daß du eine WAHL hast.

Wenn diese Gesamterfahrung schlecht war, hat sie dir eine Einstellung von hoffungsloser GLEICHGÜLTIGKEIT und ein Gefühl von TRENNUNG vermittelt, weil du glaubst, du hättest KEINE WAHL.

Tja, Freunde, die meisten von uns erlitten eine ganze Menge Schmerz, während wir aufwuchsen. Wie "gut" wir unseren Zorn, unseren Kummer und unsere Angst auch unterdrückten, das negative Erlebnis, das damit verbunden ist, lebt immer noch in unserem Unterbewußtsein. Diese negativen Erlebnisse der Vergangenheit sind vergessen, aber nicht verschwunden, und bilden so die Grundlage unserer gegenwärtigen Wahrnehmung.

In unserer Arbeit geht es darum, die negative Auswirkung früherer Emotionen auf gegenwärtige ENTSCHEIDUNGEN abzulösen. Wir meinen, daß das Verhaltensbarometer der beste, genaueste Weg ist, blockierte Emotion aufzudecken. Mit einer genauen Feststellung der Emotion und des Alters der Ursache kannst du eine exakte Ablösung durchführen. Das Verständnis der Barometeraussage zu einem Thema ist schon der halbe Weg zu einer erfolgreichen "Defusion".

Der emotionale Zustand, den es aufdeckt, sagt dir, womit du AUFHÖREN sollst, und der entsprechende ersehnte Geisteszustand sagt, was du ANFANGEN solltest. Deswegen nennen wir das Barometer eine "Straßenkarte des Verhaltens". Es zeigt zu jedem Thema, was du nicht willst und was du willst. Es zeigt dir auch, woher du kommst und wohin du gehst. Für diese Information brauchst du nur an der gleichen Position der beiden anderen Ebenen des Bewußtseins nachzusehen.

"Drei zum Preis von einem."

Wenn deine Priorität sich auf der Ebene des Bewußtseins in BEREITWILLIG / ZORN zeigt, schließt das unterbewußte Themen aus dem Bereich SICHERHEIT / VERLUSTANGST mit ein, die aufbauen auf vorhergehenden Erlebnissen von EINSSEIN / TRENNUNG, die bereits auf dem ganzen Weg seit der Empfängnis aktuell gewesen sein mögen!

Eine Priorität auf der unterbewußten Ebene von EBENBÜRTIGKEIT / KUMMER & SCHULD schließt die bewußte Hauptkategorie INTERESSE / GROLL ein, weil sie gegenwärtiges Verhalten auslöst. Und um herauszubekommen, wo das alles angefangen hat, schau' auf das dritte Paar der KÖRPER-Hauptkategorien, um die grundlegende WAHRHEIT zu finden, die aus deiner gesamten Lebenserfahrung erwächst.

Und was ist das dritte Paar der KÖRPER-Ebene?
WAHL / KEINE WAHL.

Die Unterkategorien bilden ebenfalls Paare

Unter jeder Hauptkategorie gibt es acht Unterkategorien. Diese paarweise angeordneten Wörter bilden eine vorhersagbare Stufenfolge von einer Hauptkategorie zur nächsten,– ob du von oben nach unten, von unten nach oben oder seitwärts gehst.

Sie sind erst *quer*, dann *von oben nach unten* zu lesen. Unter ANNAHME zum Beispiel liest man folgendermaßen (Wörter mit gleichen Nummern unmittelbar hintereinander):

ANNAHME	WIDERSTAND
(1) Wahl treffen – (2) zugänglich	(1) angegriffen – (2) geplagt
(3) optimistisch – (4) annehmbar	(3) in Frage gestellt – (4) belastet
(5) anpassungsfähig – (6) würdig	(5) genervt – (6) ungehalten
(7) verdienstvoll – (8) offen	(7) widersetzlich – (8) fehl am Platz

Lies jedes Wortpaar jeweils zusammen in "einem Atemzug". Beispielsweise werden die Wörter unter ANNAHME / WIDERSTAND folgendermaßen als Paare gelesen:

ANNAHME / WIDERSTAND
(1) Wahl treffen / angegriffen
(2) zugänglich / geplagt

(3) optimistisch / in Frage gestellt
(4) annehmbar / belastet
(5) anpassungsfähig / genervt
(6) würdig / ungehalten
(7) verdienstvoll / widersetzlich
(8) offen / fehl am Platz

Diese *paarweise* angeordneten Unterkategorien sagen dir nicht nur, was du in bezug auf jedes beliebige Thema willst und was nicht, sondern sie erschließen auch mehr Wahrnehmung zum Thema auf den beiden anderen Bewußtseinsebenen. Das gibt dir einen dreidimensionalen Überblick über das Thema: bezüglich der Gegenwart, der näheren Vergangenheit und der Zeit seit der Empfängnis.

Beispiel: Nehmen wir an, für die Gegenwart ergibt sich beim Test eine Priorität beim Thema:

INTERESSE / GROLL (Bewußtsein)
(4) willkommen / benutzt, mißbraucht, verwirrt

Schaue gleich nach, was die unterbewußte Ebene über die dazugehörige Erfahrung aus der Vergangenheit sagt:

EBENBÜRTIGKEIT / KUMMER & SCHULD (Unterbewußtsein)
(4) entschlossen / unannehmbar

Und um die gesamte Lebenserfahrung zu diesem Thema bis jetzt zu demonstrieren:

WAHL / KEINE WAHL (Körper)
(Hier gibt es keine Unterkategorien.)

Bringe nun die Informationen von allen drei Bewußtseinsebenen zusammen. Lies sie als eine *Geschichte*. Sie hat dir viel zu erzählen!

Die Geschichte, die das Barometer erzählt

In der Gegenwart bist du zu jemandem (oder etwas) hingegangen, wo dich dein INTERESSE hinführte. Du wolltest dich willkommen fühlen. Du wolltest, daß die Leute, die dort waren, INTERESSE an dir zeigen sollten. Leider geschah das nicht, also überwältigte dich GROLL, und du fühltest dich statt dessen verwirrt und benutzt.

Aufgrund vergangener Erfahrungen kennst du die Art KUMMER, die aus solch einem Erlebnis stammt, ganz zu schweigen von dem SCHULD-Gefühl, das dadurch entsteht, daß man nicht interessant genug für "die" ist, um ihr INTERESSE zu finden! Natürlich hast du die Situation als völlig unannehmbar beurteilt. Schon wieder keine EBENBÜRTIGKEIT. Schon wieder ein Schlag gegen dein Gefühl für Entschlossenheit! Wie kannst du entschlossen handeln, wenn du merkst, daß dein Entschluß von keinerlei INTERESSE für die Leute ist, die du interessant findest? Soweit du dich auch zurückerinnern kannst, warst du immer in dieser Position. Du warst interessiert an "ihnen", sie waren nicht "interessiert" an dir. Du wolltest, daß Mami und Papi an dem Anteil nähmen, was dich interessierte. Normalerweise fanden sie deine Interessen überhaupt nicht interessant.

Diese offensichtliche Zurückweisung in der Gegenwart hat eine lange Liste ähnlicher Erlebnisse an sich kleben. Und hast du eine WAHL dabei? Nein, hast du nicht. Du hast KEINE WAHL, wenn es darum geht, ob jemand INTERESSE an dir oder deinen Interessen zeigt. Es ist hoffnungslos. Du bist völlig "ihrer" Gnade ausgeliefert, du bist ihr *Opfer* und als solches völlig unschuldig.

Lernst du allmählich die erstaunliche Mehrdimensionalität des Barometers schätzen? Warte nur, bis du die Geschichte deiner eigenen Themen auf dem Barometer findest! Und zwar findest du sie folgendermaßen:

Nutze den Präzisions-Muskeltest, um deine Themen auf dem Barometer zu finden!

Vergewissere dich zuerst, daß du einen Indikatormuskel mit klarem Funktionskreis zum Arbeiten hast. Überprüfe Über-Ladung, und wenn du sicher bist, daß alles in Ordnung ist, kannst du weitermachen.

Denke jetzt an eine Beziehung, die dir Sorgen bereitet – eine Beziehung, die dir nicht das gibt, was du erwartet hast. Das kann eine berufliche oder private Beziehung sein. Denke an eine ganz bestimmte Person. Teste, um die Geschichte zu finden, die das Barometer erzählt, während du diese Person "im Kopf" hast.

1. FRAGE UM ERLAUBNIS, an diesem Thema zu arbeiten. Wenn sowohl Kontraktion als auch Extension auf der rechten und linken Seite stark testen, kannst du weitermachen.

2. TESTE DIE PRIORITÄT unter den Ebenen des Bewußtseins. Sage einfach und teste dabei: "bewußt", dann "unterbewußt" und schließlich "Körper". Diejenige Ebene, die einen Indikatorwechsel verursacht (also den Muskel schwächt), hat die größte negative emotionale Ladung. Dieser Wechsel ist das, was du suchst, du hast die PRIORITÄT gefunden.

3. Finde jetzt die HAUPTKATEGORIE dieser Ebene heraus. Sage jedes einzelne der drei Kategorienpaare in einem Zug und teste dabei. Beispiel: "ANNAHME / WIDERSTAND" und teste. Dann: "BEREITWILLIG / ZORN" und teste. Schließlich: "INTERESSE / GROLL" und teste. Das Paar, bei dem der Indikator wechselt, hat Priorität.

4. Finde als nächstes die PRIORITÄTS-Unterkategorien innerhalb dieser Kategorie heraus. Sage und teste jedes PAAR von 1 bis 8. Das Paar, das den Arm "schwach macht", zeigt dir die Priorität.

5. DREI ZUM PREIS VON EINEM. Sieh dir genau die gleiche Position auf den anderen beiden Ebenen des Bewußtseins an. Wenn du sie gefunden hast, kennst du die Geschichte, die dir das Barometer zu erzählen hat.

Negative Emotionale Ladung

Wenn du einmal die Geschichte kennst, die dir das Barometer in bezug auf ein Thema erzählt, finde den Prozentsatz der Negativen Emotionalen Ladung (NEL) heraus, die mit diesem Thema verbunden ist.

Warum? Wenn man den Prozentsatz Negativer Emotionaler Ladung in bezug auf das Thema *vor* der "Defusion" (Ablösung) kennt, hat man ein Maß, an dem man den Erfolg der Ablösung ablesen kann. Als Beispiel: Wenn du vor der Ablösung 97 Prozent NEL hattest und nach der Ablösung 0 Prozent NEL feststellst, hat die Ablösung offensichtlich eine positive Veränderung zum Guten bewirkt. Das ist der beste Maßstab, den wir dafür haben, daß diese Arbeit *funktioniert!*

Um den Prozentsatz der NEL festzustellen, fange bei 0 an und gehe in Zehnerschritten bis 100 Prozent.

Das Verfahren

1. Sage einfach und teste dabei "0 bis 10" und teste in Zehnerschritten in Richtung 100, bis der Indikatormuskel nachgibt.

2. Bestimme die genaue Zahl. Wenn der Muskel z. B. nicht mehr standhalten konnte bei "80 bis 90", findet man sie in diesem Bereich.

> Teste von der letzten "starken" Zahl aufwärts. In diesem Fall wäre das 80, nachdem "70 bis 80" stark blieb.

> Sage einfach "81" und teste, "82" und teste. Mache weiter, bis eine Zahl den Indikator verändert (schwach macht). Diese Zahl ist der Prozentsatz der NEL.

3. Schreibe den Prozentsatz der NEL auf, damit du sie *nach* der Ablösung nachtesten kannst, um die positiven Auswirkungen dieser Arbeit zu veranschaulichen.

Stelle immer den Prozentsatz der NEL in der Gegenwart und während der Altersrückführung fest.

Positive Emotionale Ladung

Energie ist Energie. Der emotionale Aufkleber, den wir ihr verpassen, entscheidet, ob ihre Auswirkungen positiv oder negativ sind. Zum Beispiel benutzen ZORN und BEREITWILLIG *dieselbe* Art vorhandener Energie. Es ist alles eine Frage der Wahrnehmung und Schwingung.

Das trifft genauso bei Streß zu. Eine bestimmte Art von Streß ist gut für uns. Er bringt uns in einen Zustand von Wachsamkeit, ob die Herausforderung nun darin besteht, einen Marathon zu laufen, vor einer Gruppe von Menschen zu sprechen oder einen wichtigen geschäftlichen Termin wahrzunehmen. Der Körper schaltet sein Nebennierensystem zur Ausschüttung von Adrenalin ein, um der Herausforderung gewachsen zu sein. Dieser Streß ist ein gesunder Streß, weil er den Körper in einem balancierten Zustand hält. Diesen Streß nennen wir POSITIVE EMOTIONALE LADUNG.

Bei jeder Ablösung sind wir genauso an Positiver wie an Negativer Emotionaler Ladung interessiert. Positive Emotionale Ladung (im folgenden PEL genannt) spricht zwei wichtige Dinge an.

1. Balancierte Polarität: Kurz gesagt ist *intensive* Emotion Überenergie; das bedeutet, daß sie ein Ungleichgewicht im normalen Kommunikationsfluß innerhalb des Gehirns erzeugt. Dies blockiert die Erinnerung an positive Erlebnisse, die die fehlende Balance schaffen könnte. Die Ablösung der NEL hinterläßt die Erinnerungsneuronen im "Neutralzustand". PEL zeigt an, daß die abgelöste Erinnerung nun balancierte Energie enthält. Natürlich vergessen wir nicht, was geschehen ist, aber diese neue Erinnerung beinhaltet jetzt einen positiven "Wegweiser", wann immer wir daran denken.

2. Motivation für positives Handeln in der Zukunft. Wenn in der Zukunft ähnliche Themen auftauchen, werden wir mit größerer Wahrscheinlichkeit die WAHL zugunsten einer *positiven Veränderung* treffen.

Wir finden den Prozentsatz der Positiven Emotionalen Ladung auf die gleiche Art und Weise, wie wir den Prozentsatz der Negativen Emotionalen Ladung finden.

Teste von 0 aufwärts in Zehnerschritten bis 100, um den Prozentsatz der PEL zu bestimmen.

Das Verfahren

1. Sage und teste dabei "0 bis 10". Teste weiter nach oben in Richtung 100, bis der Indikatormuskel wechselt (schwach wird).

2. Bestimme die genaue Zahl. Wenn der Muskel z. B. nicht standhalten konnte, als du "80 bis 90" gesagt und getestet hast, findest du die exakte Zahl in diesem Bereich.

> Teste von der letzten Zahl, die "stark" war, aufwärts. Das wäre hier 80, nachdem "70 bis 80" standhielt.

> Sage und teste "81", sage "82" und teste. Mach weiter, bis eine Zahl den Indikator zum Wechsel bringt (schwach macht). Diese Zahl ist der Prozentsatz an PEL.

3. Schreibe den Prozentsatz an PEL auf, damit er die Ablösung beim Zeitpunkt der Verursachung und in der Gegenwart am Ende der Sitzung belegen kann.

Teste den Prozentsatz an Positiver Emotionaler Ladung zum Zeitpunkt der Verursachung, *nachdem* du die Ablösung dort gemacht hast, und nochmals in der Gegenwart am Ende der Sitzung.

Unser Ziel ist es, die NEL auf 0 Prozent herunterzubringen und die Positive Emotionale Ladung auf 100 Prozent hinaufzubringen.

Die Stadien des Stresses

Hast du gewußt, daß man das Streßniveau eines anderen Menschen *auf den ersten Blick* erkennen kann? Ja, das ist wahr, das kann man tatsächlich – und man kann das Ausmaß des Stresses, den man selbst hat, genausogut erkennen. Alles, was man braucht, ist ein Spiegel, um sich selbst zu "deuten". Einfache Beobachtung genügt, um den Streß eines anderen Menschen zu sehen.

Die Augen sagen "alles" – oder zumindest *genug*, um klar zu demonstrieren, daß der physische, mentale oder emotionale Bereich einer Person einen Versorgungsengpaß hat. Hier das Warum, das Wie und das Was (... man damit machen kann):

Streß existiert, weil wir das Gefühl haben, wir könnten mit dem, was um (oder *in*) uns vorgeht, nicht umgehen. (Und wann passiert das nicht? Für die meisten von uns geschieht das mindestens einmal am Tag auf irgendeiner Ebene.) Da gibt es kein Entrinnen. Jeden Tag konfrontiert uns das Leben mit unerfreulichen, unerwarteten und/ oder unerwünschten Ereignissen und Situationen. Es gibt keinen Weg, Streß zu vermeiden. Tatsache ist: Streß vermeiden heißt Leben vermeiden. (Wenn du *leugnest*, daß du im Streß bist, versagst du dir die Möglichkeit, irgend etwas zu tun, um den Streß abzulösen!)

Plötzlicher Schock, wie z. B. ein körperlicher Unfall, versetzt uns in Streß. Ungelöste oder halb gelöste Probleme bereiten Streß. Wenn etwas passiert, das wir nicht wollen oder nicht erwarten, haben wir Streß. Wenn wir uns in einem Konflikt um Werte unseres Glaubenssystems befinden, schaltet sich Streß ein.

Trotzdem ist er eine völlig *individuelle* Angelegenheit. Wir alle stehen täglich stressigen Situationen gegenüber, aber weil wir alle einzigartig sind, erzeugt dieselbe Situation für manche Menschen ein ziemlich großen Streß, für andere weniger und für wieder andere überhaupt keinen. Dein GLAUBENSSYSTEM entscheidet über die Intensität deiner Antwort auf Streß.

Streß schafft einen Zustand verminderten Bewußtseins.

Wenn das Streßniveau zu hoch wird, werden wir emotional "überwältigt". In einem Zustand des Überwältigtseins funktionieren wir nicht effektiv, fühlen uns außer Kontrolle, verlieren unsere Ziele aus den Augen, fühlen, daß wir keine Wahlmöglichkeiten haben, und wünschten, das Problem würde sich von selbst lösen, sich schnell legen oder einfach verschwinden.

Streß zeigt sich am Körper selbst, und zwar in drei eindeutig unterscheidbaren Stadien.

Streß ersten Grades *(kurzzeitiger Streß)*

In einem Augenblick des Schocks (oder wenn die Erschöpfung uns schließlich überwältigt) ziehen Gehirn und Körper Blut von der Körperoberfläche ab. Vorrangig ist jetzt Kampf oder Flucht; das Blut geht in die Muskeln, die diese Tätigkeiten ausführen.

Dasselbe Grundprinzip findet auch im Gehirn statt. Die Durchblutung zieht sich von der Oberfläche zurück und geht dorthin, wo die instinktiven Überlebensmechanismen ablaufen, also tief ins Innere. Dies beschränkt bewußtes Denken auf das Minimum, das zum Überleben notwendig ist. (Was auch der Grund dafür ist, daß wir unter Streß "nicht denken können".)

Ohne die übliche Blutzirkulation schließen sich die Poren der Haut und stoßen das Öl aus, das sie enthalten. Auch die Tränendrüsen "machen dicht" und versagen den Augen Feuchtigkeitszufuhr.

Der *sofortige* Effekt ist ein Paar trockener, starrender Augen und glänzende Gesichtshaut. Ein bißchen später, wenn sich Öl und Feuchtigkeit verflüchtigt haben, verschwindet das glänzende Aussehen der Haut, die Augen werden matt, und die Lider sinken nach unten, um die trockenere Oberfläche der Augäpfel zu schützen.

In solch einem Zustand ist unser Gehirn genauso matt wie unsere Augen, und unsere geistige Schärfe ist in funktioneller Hinsicht gleich Null. Wir sind eindeutig nicht im Gleichgewicht. Statt dessen sind wir *starr* – physisch, mental und emotional.

Mit anderen Worten: "Das Licht ist aus und keiner ist zu Haus'." Menschen im ersten Streßstadium können kaum das tun, was zu erledigen ist. Tatsächlich ist es besser für sie, "nichts zu tun als auszuruh'n", etwas Wasser zu trinken, sich etwas Zeit zu nehmen, hinauszugehen und sich selbst auf diese Weise wieder ins Gleichgewicht zu bringen. Ein Nickerchen oder ein guter Nachtschlaf können Wunder wirken.

Wenn dir der Spiegel sagt, daß du dich im ersten Streßstadium befindest, kümmere dich um dich selbst. Bis du das tust, ruderst du mit den Paddeln in der Luft.

Streß zweiten Grades

Wenn Streß über Stunden oder Tage hinweg ungelöst bestehen bleibt, greifen seine chemischen Auswirkungen die *Tiefenwahrnehmung* an.

Aufgrund der verschiedenen mütterlichen und väterlichen Erbstrukturen hat die eine Körperseite eine sensiblere Muskelstruktur als die andere. Das trifft besonders auf die außerordentlich empfindlichen Muskeln zu, an denen die Augäpfel befestigt sind. Wenn nun die Streßchemie im Körper bleibt, zieht sich die sensibler gebaute Muskelgruppe zusammen und fängt an, den dazugehörigen Augapfel nach oben zu rollen.

Das gleiche wird natürlich mit der anderen Augenmuskelgruppe geschehen, wenn der Streß für eine noch längere Zeit ungelöst bleibt. Was uns hier betrifft ist, daß *ein* Augapfel zuerst nach oben geht. Warum das Wort "betrifft"? Weil unsere Tiefenwahrnehmung ausgeschaltet ist, bis der andere Augapfel auf die gleiche Höhe kommt.

Der medizinische Ausdruck für diese Rotation nach oben ist "vertikaler Strabismus" [= senkrechtes Schielen]. (Bei Menschen, deren Augäpfel die Neigung haben, seitwärts nach außen oder innen zu rotieren, heißt das "lateraler Strabismus".) Wenn man mehr Weiß unter einer Iris als unter der anderen sieht, erblickt man *Streß zweiten Grades*.

Die Tiefenwahrnehmung ausgeschaltet zu haben ist nicht zum Lachen. Und wirklich sind Leute im zweiten Streßstadium dadurch zu charakterisieren, daß sie "nicht amüsiert" sind. Und warum sollten sie auch amüsiert sein? Wenn man tolpatschige Dinge tut, ärgerliche kleine Unfälle hat, dann gibt es wenig Heiterkeit – und genau das passiert, wenn deine Tiefenwahrnehmung "aus" ist.

Robert L. Whiteside, einer der ersten und herausragendsten Pioniere der Struktur/Funktionen beschreibt Leute im zweiten Streßstadium als "Unfälle, die nach einem Ort Ausschau halten, an dem sie passieren können". Er würde darauf bestehen, sie zu warnen, Aufgaben anzupacken, wie z. B. ein Auto zu fahren – und wenn es schon sein muß, nur mit erhöhter Aufmerksamkeit.

Wenn dein Spiegel sagt, daß du dich im Streß zweiten Grades befindest, halte dich daran. Achte genau darauf, wie du das tust, was du gerade tust. Hauptsache, du paßt auf dich auf!

Eine gute Idee ist es, mehr Wasser zu trinken, um dazu beizutragen, die Streßchemie aus dem Körper zu spülen. Ruhe dich aus, entspanne mehr. Aber das tatsächliche Thema ist, daß du irgendeinem Stressor erlaubt hast, ungelöst zu bleiben.

Streß zweiten Grades erscheint nur, wenn Streß über eine gewisse Zeit andauert. Warum solltest du diesem Streß erlauben, weiterzubestehen? Kümmere dich jetzt darum. Benutze deine ONE BRAIN-Fähigkeiten, um die NEL zu identifizieren und abzulösen, die du mit dem ursächlichen Thema hast, das du zu vermeiden versucht hast. Vermeidung verlängert nur den Streß – ja, in Wirklichkeit *ist* Vermeidung in diesem Fall der hauptsächliche Stressor. Löse das Problem ab und triff die WAHL, die zu positiver Handlung im Hier und Jetzt führt.

Streß dritten Grades

Wenn sich Weiß unter beiden Iriden zeigt, siehst du einen Menschen mit einem ungelösten, zwanghaften Problem physischer, mentaler oder emotionaler Natur. Mehr noch: dieser ungelöste Streß dauert schon eine lange, lange Zeit an.

Das ist das dritte Streßstadium. Weiß unter beiden Iriden bedeutet anhaltende Melancholie – ein tiefer Kummer, der unterschwellig hinter allem liegt, was ein Mensch denkt oder sagt. Dieses *Gefühl des Nicht-mit-sich-Einsseins* trübt alle Handlungen und Beziehungen.

Um das dritte Streßstadium zu erreichen, sind wir natürlich zuerst durch die beiden anderen gegangen. Als erstes haben wir den ursächlichen Stressor erkannt, als zweites haben wir die ENT-SCHEIDUNGEN vermieden, die ihn hätten lösen können. Nachdem wir seine eigentliche Ursache nicht abgelöst haben, leben wir jetzt mit den unangenehmen Folgen.

Offensichtlich wird es Zeit, uns um unseren Streß zu kümmern, damit wir den Stressor loswerden können. Dieses Programm bietet das beste Handwerkszeug, das wir kennen, für Leute im dritten Streßstadium, die ihr emotionales Leben neu aufbauen wollen. Wenn die NEL auf 0 Prozent und die PEL auf 100 Prozent ist, hat ein Mensch die Freiheit, neue Möglichkeiten und Alternativen zu schaffen und sie wahrzunehmen. (Es ist eine interessante Feststellung, daß diese Stressoren häufig die Form annehmen, daß man nur *eine* Alternative sieht, die in sich selbst unannehmbar ist.) Mit Stirn-Hinterkopf-Halten bist du nicht länger der aufgebauten NEL ausgeliefert. (Siehe Bild unten und Kapitel über Stirn-Hinterkopf-Halten!)

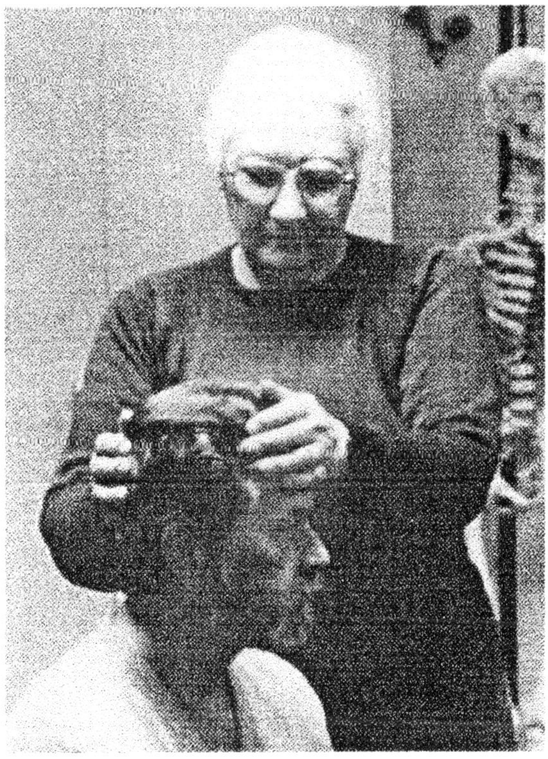

Indem du unsere THREE IN ONE-Methoden benutzt, kannst du deine Vergangenheit neu arrangieren und deine gegenwärtige Wahrnehmung ändern. Erkenne die negativen Aspekte der Vergangenheit an und löse sie ab. Erwecke deine Erinnerungen an erfolgreiches Verhalten zu neuem Leben. Finde die Zeiten, als du keine Depressionen, Krankheiten usw. hattest.

Du bist nicht der Gnade vergangener Glaubenssätze ausgeliefert. Je schneller du dich entsprechend neuen Überzeugungen verhältst, desto besser.

Denke daran: Streß kommt vermindertem Bewußtsein gleich!

Wir Menschen machen den großen Fehler zu glauben, daß wir uns unter bewußter Kontrolle haben, nur weil wir noch bei Bewußtsein sind.

Das ist aber nicht der Fall; unter Streß verfallen wir mit wackligen Knien in die Nachahmung unserer gelernten Reaktionen, die auf negativen Emotionen gründen. Unter Streß werden unsere Grenzen drastisch enger. Versuche nur einmal, unter Streß besser zu lesen und schau dich an, wie gut du funktionierst! Der schlechteste Weg, mit Stressoren umzugehen, ist zu leugnen, daß es sie gibt.

Stressoren kommen unterdrückter Emotion gleich. Die Negative Emotionale Ladung eines Stressors zu leugnen, vervielfacht seine Macht.

Hmmmmmmmmm ... ABLÖSEN und ABLÖSUNG – diese Wörter sind Teil des außergewöhnlichen THREE IN ONE-Jargons. Ist es nicht an der Zeit, daß wir sie definieren?

Defusion Negativer Emotionaler Ladung

"Fusion" bezeichnet das Zusammenschmelzen zweier getrennter Elemente, die dadurch zu einem einzigen, untrennbaren Element verbunden werden. Meist ist so etwas das Resultat großer HITZE. Um z. B. das Metall Bronze zu erhalten, schmilzt man Kupfer und Zinn zusammen. [Anm. d. Übers.: engl. *fusion* = "Verschmelzung". Im Amerikanischen bedeutet *to defuse* "entschärfen" (z. B. eine Bombe). Man könnte es auch mit "ent-schmelzen" oder "ablösen" übersetzen. *Defusion* und *Infusion* sind so spezifisch und passend, daß wir im Text öfter auf diese Originalbegriffe zurückgreifen. Überwiegend verwenden wir jedoch die Wörter "ablösen", "Ablösung", "Ablösungsprozeß", weil es bei dem Verfahren hauptsächlich um das Ablösen von Streß oder Negativer Emotionaler Ladung geht.]

Bei THREE IN ONE benutzen wir das gleiche Konzept, um die Entstehung eines (legasthenischen) blinden Flecks in der *Wahrnehmung* zu beschreiben. Und was für ein einfacher Vorgang das ist!

EREIGNIS + WAHRNEHMUNG + INTENSIVE EMOTION = FUSION

Etwas passiert. Wir sehen es im Lichte unseres derzeitigen Glaubenssystems. Die Kombination löst Emotion aus. Diese Emotion kann positiv oder negativ sein, intensiv oder mild. Als was sie sich auch immer herausstellt, sie zeigt, wie unser Glaubenssystem das Ereignis und uns selbst als Teil davon wahrnimmt.

Wir reagieren auf dieses Ereignis als die Individuen, die wir sind, entsprechend unserem Glaubenssystem. Was die eine Person in Schrecken und Panik versetzt, würde jemand anderen vielleicht nur kitzeln. Unsere individuelle Wahrnehmung macht den Unterschied aus. Das EREIGNIS ist einfach nur ein Ereignis.

Die *Wahrnehmungen* von Angst, Schmerz oder Angst vor Schmerz erzeugen eine große Menge an sehr intensiver Negativer Emotionaler Ladung – der NEL-Prozentsatz zeigt dir genau, wie intensiv.

Wenn der Prozentsatz sehr hoch ist, wird sie zur "großen Hitze", die unsere Wahrnehmung, das Ereignis und die Emotion zu einem einzigen, untrennbaren Ganzen verschmilzt [*fuses*]. Die FUSION ist komplett, und obwohl sie neurologisch weniger als drei Sekunden benötigt, können ihre negativen Auswirkungen ein Leben lang andauern.

Danach erleben wir JEDESMAL die gleiche intensive Emotion, wenn IRGEND etwas auch nur im entferntesten Ähnliches geschieht

– ob wir uns an das ursprüngliche Ereignis bewußt erinnern oder nicht. Wir haben ihm damals die Macht gegeben, uns zu blockieren, und es hat immer noch die Macht, uns auch JETZT zu blockieren.

DEFUSION (in unserem Jargon) heißt, daß man "etwas" tut, was die Emotion herauslöst, die mit dem Ereignis verschmolzen [*fused*] ist. Wie macht man das? Du änderst deine *Wahrnehmung* dieser Erinnerung. In dem Moment, in dem sich die Wahrnehmung ändert, ändert sich auch der emotionale Inhalt der Erinnerung. Du hast deine Macht zurückgefordert, und von dieser Sekunde an erinnerst du dich an das Ereignis, ohne seine Emotion wiederzuerleben.

Jetzt wird es zu einer bloßen Erinnerung – und ist nicht länger die vergangene Ursache für gegenwärtige Verwirrung.

Ist das nicht interessant ...: Die schlichte Veränderung deiner Wahrnehmung kann sogar höchst traumatische Erinnerungen von negativem Streß befreien.

Ja, diese Arbeit ist sanft

Niemand bekommt einen Preis dafür, daß er leidet, und niemand bekommt einen Preis dafür, wenn er zum Leid anderer beiträgt. Unser Ziel ist es, die Wahrnehmung zu verändern, und das ist eine leichte, einfache und schmerzlose Operation. Die Anwendung unseres ONE BRAIN-Systems garantiert, daß man während der Defusion den vergangenen Schmerz, der sich auf vergangenes Erleben bezieht, nicht wiedererlebt – wie schmerzhaft er damals auch gewesen sein mag. Was du erleben wirst: Befreiung, positive Energie und das Gefühl der Erleichterung, das vom Wissen herrührt, daß du deine Kraft und Macht wiedergewonnen hast.

Denke daran: Es ist alles eine Sache der Energie.

Wir Menschen sind genauso magnetisch wie der Nordpol und genauso elektrisch wie ein Filmprojektor. Genau das sind wir tatsächlich – Projektoren unserer mentalen Filme.

Unsere geistigen Filmkameras zeichnen nur das auf, was wir sehen wollen und wie wir es sehen wollen – sei es positiv oder negativ. In der AIZ (Allgemeine Integrations-Zone) steht unser Glaubenssystem bereit, den Film entsprechend dem Diktat des Selbstbildes, das wir von uns geschaffen haben, zusammenzuschneiden.

Dieser Schneideprozeß ist übrigens höchst selektiv. Alles, was nicht mit dem übereinstimmt, was wir glauben wollen, alles was wir zu unterdrücken oder zu leugnen beschließen, lassen wir auf dem Fußboden des Schneideraumes unseres Unterbewußtseins zurück.

Tatsächlich verbleibt die vollständig ungeschnittene und unbeurteilte Wirklichkeit unseres Erlebens völlig intakt und unzensiert im Gedächtnis der rechten Gehirnhälfte. Dort ist jede Mikrosekunde unseres Lebens genau *so* registriert, WIE ES WAR – sogar die Augenblicke, in denen wir nicht bewußt erkannt haben, was vorging. Das ist das Gedächtnis der KÖRPER-Ebene des Bewußtseins – "die ganze Wahrheit und nichts als die Wahrheit".

Wenn das Glaubenssystem mit dem Schneiden des Films fertig ist, so daß er unserem alten Selbstbild entspricht, wandert er in den Projektionsraum in unserem Gehirn. Von da an projizieren wir unsere geistigen Filme auf andere. Wir *meinen*, daß wir Erlebisse ehrlich sehen. Was wir wirklich sehen, ist jedoch die *Reflexion unserer Erwartungen*. Ja, unsere geistigen Filme spiegeln unsere eigenen Erwartungen, nicht die Wirklichkeit. Und unsere geistigen Kameras filmen weiterhin nur das, was wir zu sehen erwarten.

Bis wir die Erwartungen unseres Glaubenssystems ändern, kann alles, was wir sehen, sein oder tun können, nur die Vergangenheit wiederholen. Man sollte meinen, die schiere Langeweile, ständig die gleichen Bildchen anzuschauen, würde uns dazu treiben, neue schaffen zu wollen. Aber nicht doch! Die Angst davor, daß uns eine Veränderung Schmerz bereiten könnte, läßt uns die gleichen alten mentalen Filme wieder und wieder und wieder anschauen.

Aus diesem Grund ist es das Ziel unserer Arbeit, mehr Bewußtsein zu schaffen. Mehr Bewußtsein bedeutet weniger Angst. Weniger Angst fördert mehr Kreativität, und mehr Kreativität erzeugt veränderte Wahrnehmung. Mit veränderter Wahrnehmung sind wir frei, neue Bilder, neue Projektionen, neue Reflexionen zu schaffen.

Veränderte Wahrnehmung verändert die ENTSCHEIDUNGEN, die wir uns zu treffen erlauben. Ändere deine Wahrnehmung, und du veränderst dein Leben.

Der Schlüssel zu veränderter Wahrnehmung ist die Befreiung von den Ängsten, die vergangene Erlebnisse in unser Glaubenssystem eingebrannt haben.

Um diese Art Negativer Emotionaler Ladung aus dem Gedächtnis abzulösen, haben wir ein Arsenal an Streßauflösungstechniken entwickelt. Das Stirn-Hinterkopf-Halten zählt zu den besten.

Das Stirn-Hinterkopf-Halten

Diese Streßauflösungstechnik ist ein außergewöhnliches Beispiel dafür, "etwas zu tun, was ganz natürlich und von selbst kommt"; und sie wirkt wahre Wunder.

Wenn wir in der Gegenwart Streß haben, wie oft geht unsere Hand automatisch nach oben und hält unsere Stirn? Wenn wir als Kinder Schmerz erlitten haben, wie oft hielten und streichelten unsere Mütter unsere Stirn?

Es ist eine natürliche, streßablösende Reaktion, die die Natur direkt in unsere Reaktion auf Streß eingebaut hat. Nun wirst du lernen, wie du diese natürliche (und neurologisch richtige) Methode anwenden kannst, um Streß abzulösen.

Indem wir die Blutversorgung in die Stirnlappen unseres Gehirns ziehen, aktivieren wir die "Zone für Bewußtes Assoziatives Denken" (ZBAD), die sich *neue* Wege "ausdenkt", mit Themen und Problemen umzugehen. Sie kann das tun, weil sie *nicht* von EMOTION eingekeilt wird und deshalb nicht durch schmerzhafte vergangene Erfahrung beschränkt ist.

Das gleiche trifft auf den "Primären visuellen Bereich" zu, der sich in den Hinterhauptslappen befindet. Sowohl die ZBAD als auch der Primäre visuelle Bereich handhaben ausschließlich Bilder aus Licht. Stimuliere die ZBAD, und du siehst im wahrsten Sinne des Wortes "das Licht [der Erkenntnis]". Es wird direkt zum Primären visuellen Bereich im Hinterkopf weitergeleitet, der diese Eindrücke von Licht mit dem *visuellen* Gedächtnis verbindet. Und wieder geschieht dies *ohne* Emotion. Emotion kommt nur dazu, wenn der visuelle Input zum AIZ geht, damit dieser vergleichen kann, wie wir uns bei ähnlichem Input in der Vergangenheit gefühlt haben.

Um es zusammenzufassen: Wenn du deine Stirn und den Hinterkopf (quer über die Mitte und von der Schädelbasis nach oben) *hältst*, ziehst du die Blutversorgung zu den beiden Gehirnbereichen, die für bewußtes Denken und visuelles Gedächtnis *ohne* Emotion zuständig sind.

Stirn-Hinterkopf-Halten erlaubt dir, Stressoren "im Lichte" von bewußt be-dachten Alternativen zu sehen, die auf einer un-emotionalen, *objektiven* "Vision" von gegenwärtigem *und* vergangenem Erleben beruhen.

Stirn-Hinterkopf-Halten ist eine beruhigende, zentrierende Technik – eine, die enorme Wirkungskraft hat.

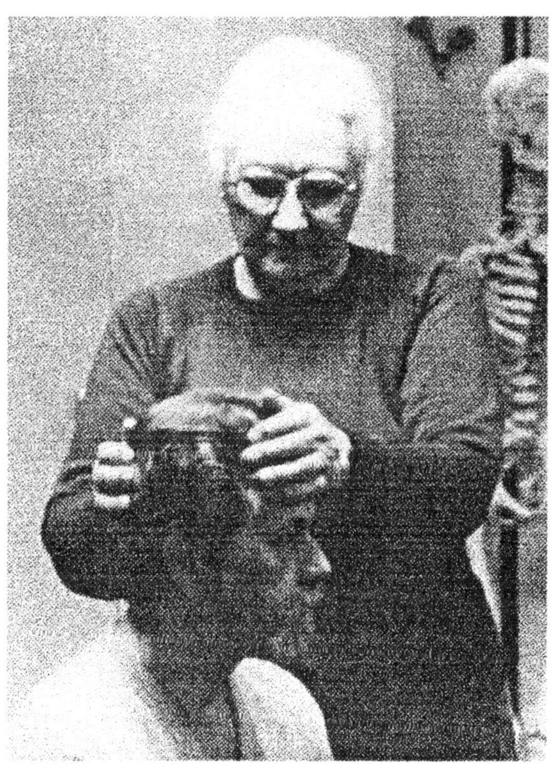

Anleitung zum Stirn-Hinterkopf-Halten

1. LEGE EINE HAND AUF DEINE STIRN und die andere über die Mitte deines Hinterkopfes (den Primären visuellen Bereich).

2. ATME TIEF, während du dies tust. Halte weiterhin Stirn und Hinterkopf und ATME, während du im Geiste ein streßbesetztes Thema anschaust. Vielleicht möchtest du es dir auf einer Leinwand vorstellen.

3. HALTE, ATME und SCHAUE DAS EREIGNIS WIEDERHOLT AN, bis du die Ruhe spürst, die bedeutet, daß das Thema abgelöst ist

4. TESTE alle Themen NACH, die den Testmuskel haben schwach werden lassen, den NEL-Prozentsatz, die Barometeraussage und das Thema selbst, ob in der Gegenwart oder während einer ALTERSREZESSION.

Wenn der Indikatormuskel beim Thema und beim Barometer stark bleibt, die NEL bei 0 und die PEL bei 100 Prozent (SOWOHL in Kontraktion als auch in Extension) ist, hast du's geschafft.

Kreative bildliche Vorstellung für Defusion und Infusion

Defusion (Ablösung)

Während des Ablösungsprozesses werden sich deine Testpersonen in der Situation befinden, daß sie sich mit Erinnerungen und Emotionen konfrontieren, die sie seit Jahren unterdrückt haben. Es gibt zwei Wege, das zu tun: sanft oder schmerzhaft. Wir möchten, daß sie es so sanft wie möglich tun.

Stirn-Hinterkopf-Halten macht es leichter, den "sanften" Weg einzuschlagen; ebenso tiefes Atmen. Trotzdem könntest du einige Testpersonen finden, die sich entschließen, den Schmerz, der dabei beteiligt war, *wiederzuerleben*. (Das ist eine WAHL, wie du weißt.) Ermutige solche Menschen, den sanften Weg der Einsicht und des Verstehens zu wählen. Wenn sie nicht den sanften Weg wählen, gibt es einige Fertigkeiten, die du anwenden kannst, um zu helfen. Diese Fertigkeiten fallen unter die Hauptüberschrift von BILDLICHER VORSTELLUNG.

Bildliche Vorstellung hat eine große Kraft, weil sie deiner Testperson erlaubt, damit zu beginnen, daß sie eine WAHL trifft bezüglich dessen, was sie erleben will. Mit jeder ENTSCHEIDUNG, die sie trifft, befreit sie sich von dem Griff, mit dem negative Emotion sie festhält. Je mehr ENTSCHEIDUNGEN, desto mehr Freiheit von der Fusion.

Wenn sich also deine Testperson in mehr Emotion wiederfindet, als du (oder sie!) eigentlich behandeln wolltest, mache weiter mit Stirn-Hinterkopf-Halten und vertraue deiner Intuition bei der Anleitung ihrer mentalen bildlichen Vorstellung. Hier sind einige Vorschläge:

1. ÄNDERE DAS BILD. Schlage etwas vor, was einen Bezug zu dem hat, was die Testperson sieht, was aber nicht Bestandteil des eigentlichen Themas ist. Zum Beispiel: "Wenn du hinausgehen würdest, was würdest du gerne sehen?" oder: "Welche andere Person hättest du gerne noch mit dabei? Was würde das ändern, wenn diese Person da wäre?" oder: "Gibt es eine Fertigkeit, die du jetzt als Erwachsener kennst, die das Bild verändern würde? Kannst du das Bild wiederholen und dabei diese Fertigkeit anwenden? Was kommt jetzt dabei heraus?"

2. FRIERE DAS BILD EIN UND RAHME ES. "Mach' einen Rahmen drumherum. Woraus ist der Rahmen gemacht, welche Farbe hat er,

ist er schlicht oder verziert? Wo könnte das Bild hängen?" Nachdem deine Testperson einige Male die WAHL getroffen hat, was den Rahmen betrifft: "Gibt es einen anderen Rahmen, der besser zum Bild passen würde?" Wenn ja, entwickle diese Vorstellung. Schließlich: "Hat sich das Bild verändert? Wie?"

3. LEGE TROST IN DAS BILD. "Wenn du als dein erwachsenes Selbst das Kind in dir trösten könntest, was möchtest du es gerne wissen lassen? Was würde es gerne von dir hören? Würde es wollen, daß du es in den Armen hältst? Würdest du seine Wange küssen – welche? Gibt es etwas, das du ihm als Geschenk geben könntest, etwas, von dem du weißt, daß es das haben will? Was wäre das?"

Denk' an die Macht der WAHL. Wir haben unsere Emotionen unterdrückt und uns selbst verweigert, diese Emotionen auszudrücken, weil wir meinten, keine andere WAHL zu haben, als mit negativer Emotion zu reagieren. In der Defusion ist es die Aufgabe des Testers, die WAHLFREIHEIT zur Verfügung zu stellen, wo damals keine zu existieren schien.

Infusion

Wenn du ein größeres Problem im Ursachenalter ablöst, brauchen die Neuronen im Gehirn, die die Aufzeichnung dieser Erinnerung festgehalten haben, eine neue "Aufgabenbeschreibung" – etwas, um die negative Emotion durch positiven Input zu ersetzen. Um das zu tun, benutzen wir die kreative bildliche Vorstellung, um ein Bild oder Symbol zu entwickeln, das den *ersehnten Geisteszustand* (auf dem Barometer) repräsentiert.

Bilder und Symbole werden durch SINNESEINGEBUNG bestmöglich aktiviert. Laß deine Testperson sie "erfinden" und hole dir über den Muskeltest die Bestätigung, daß es das richtige ist.

Du könntest eine Lieblingsfarbe oder eine Blume wählen, oder einen Edelstein in einer kostbaren Fassung, den du gerne tragen würdest. Mach etwas Wertvolles daraus, ein Geschenk vom Selbst an sich selbst. Wenn du das Bild geschaffen hast, das sich am besten anfühlt, nimm jeweils einen tiefen Atemzug, während du dieses Bild siehst, hörst, schmeckst, berührst, ERLEBST. Sinneseingebung *ankert* das Bild und macht die Erinnerung daran real.

Sagen wir, dein Bild ist ein Ort, den du schon immer mal genießen wolltest, wie ein Strand auf Hawaii bei Sonnenuntergang. Fühle den noch warmen, weichen Sand unter deinem Körper, höre die Brandung sanft auf dich zurauschen. Atme den lieblichen Duft der exotischen Blüten, der in der Luft schwebt, während die Wolken am Horizont sich in Gold verwandeln.

Gehe dann in die Gegenwart zurück. Wiederhole bei jedem Zehnerschritt der Rückkehr denselben Vorgang, um das Bild noch vollständiger zu verankern.

Wir nennen diesen Vorgang des Verankerns positiver Bildvorstellungen INFUSION.

Altersrezession

Hintergrund

Der Facilitator Andrew Verity sagt: "In der Gegenwart könnte alles anders sein, wenn nur *eine* Einzelheit in der Vergangenheit anders gewesen wäre. Und manche Dinge, die am längsten in meiner Erinnerung leben, sind in Wirklichkeit nie geschehen."

Im ersten Satz dieses Zitats erklärt Andrew wunderschön den Anlaß zur Altersrückführung. Mit der Defusion von emotionalem Streß *können* wir die Vergangenheit verändern, und wir *tun* das auch, und das ändert wirklich die Gegenwart – und die Zukunft ebenfalls. Sein zweiter Satz macht die Art und Weise dieser Veränderung klar: Sie wird bewirkt durch die Magie der Vorstellungskraft.

Ist dir bewußt, daß das Gehirn auf "eingebildete" Ereignisse in genau der gleichen Art reagiert wie auf wirkliche?

Es macht keinen Unterschied für das Gehirn und den Körper, ob etwas tatsächlich passiert ist oder nicht. Was wir beim Erleben *fühlen*, schafft unsere "Realität", unser Modell der Welt. Emotion setzt hormonale Muster frei, die Kreislauf, Muskeln und Organreaktionen stimulieren, wie sie auch Erinnerung eingravieren. Nochmals: Körper und Gehirn antworten in genau der gleichen Weise auf tatsächliche wie auf "eingebildete" Erlebnisse.

Es ist wahr, daß der bewußte Geist Regie darüber führt, wie wir in der Gegenwart denken und reagieren. Mehr als das, er hat die Macht, das zu unterdrücken, woran wir gegenwärtig nicht denken wollen oder worauf wir nicht reagieren wollen. Verleugnung ist der Mechanismus der Unterdrückung. Unsere Verleugnungen entscheiden darüber, woran wir uns zu erinnern beschließen und woran wir uns auf der Bewußtseinsebene nicht zu erinnern beschließen. Trotzdem – das, was wir dazu verurteilen, verleugnet oder unterdrückt zu werden, lebt im Unterbewußtsein weiter, bis ins Detail genauso real wie die bewußte Erinnerung. Nur die Tatsache, daß wir beschlossen haben, vergangene Erfahrungen zu verleugnen, hält ebendiese Erfahrungen nicht davon ab, über die gegenwärtigen Reaktionen zu bestimmen.

Das Gehirn *schichtet* Erinnerung. Die früheste Erinnerung einer bestimmten Emotion (wie z. B. Schmerz oder Angst) dient als Basis für alle späteren Wiederholungen dieser Emotion. Schicht um Schicht werden sie an der gleichen Stelle des Gehirns untergebracht. Wenn ein Ereignis in der Gegenwart diese Emotion auslöst, antworten wir auf der Grundlage der Gesamtsumme dieser Erinnerungen. Dies ist der Grund dafür, warum offensichlich unwichtige Ereignisse eine geballte emotionale Reaktion hervorrufen können.

Vergangenheit und Gegenwart wirken gleichzeitig

Zeit hat *nur* für unser Glaubenssystem Realität. Neurologisch macht das Gehirn keinen Unterschied zwischen der Vergangenheit und der Gegenwart. Was auch immer Erinnerungsneuronen von der Vergangenheit her auslösen, bestimmt unser Verhalten in der Gegenwart. Es geschieht alles gleichzeitig aufgrund der geschichteten Erinnerung einer Emotion. Zu sagen, daß jemand in einer "kindischen" Weise reagiert, geht völlig am Punkt vorbei.

Während der Psychotherapie werden zum Beispiel oft vergessene Erinnerungen aus der Vergangenheit hervorgeholt und laufen ab, um uns mit der gleichen Intensität an Emotion zu besitzen wie in der Vergangenheit, und der Erwachsene wird wieder zum Kind, das über die Art tobt, wie seine Eltern es "behandeln".

Es ist nicht nötig, Erinnerung aus der Vergangenheit *hervorzuzerren.* Unter Streß macht jeder von uns "sofortige Altersrezession".

Du kannst sehen, wie sich innerhalb von Sekunden Gesichtsausdruck, Körperhaltung, Stimmlage und Verhalten verändern. So lange der Stressor andauert, verhalten wir uns entsprechend dem *Kern* der geschichteten Erinnerung, die er auslöst.

Erinnerung ist mehr als nur mental

Es ist kein Geheimnis, daß Erinnerung in vielen Teilen des Gehirns gespeichert wird. Sowohl die rechte als auch die linke Hemisphäre beherbergen spezielle Arten (und Teile) jeglicher vorhandener Erinnerung. Zusätzlich behalten Schlüsselzentren im Rückenmark Muster programmierter Funktionen; dasselbe tun die Organe im Körper. Sogar die kleinste zelluläre Einheit im Körper kann eine Kopie von sich herstellen. Dies beweist, daß jede einzelne Zelle im Körper ein Zellbewußtsein in ihrer Struktur hat. Beispiel: Ein operativ transplantierter Muskel, der die Funktion eines anderen Muskels übernehmen soll, muß bewußt "umtrainiert" werden, bevor er effektiv arbeiten kann. Wenn er erst einmal seinen neuen Job erlernt hat, ersetzt er die Erinnerung an seine frühere Funktion. Mehr noch: Er gibt sein neues Gedächtnis an seine nächste Reproduktion weiter.

Es gibt keine Trennung zwischen dem, was im Zentralnervensystem geschieht, und der Funktion der Erinnerung in jeder Körperzelle. Die Erfahrung der Vergangenheit wurde von den Neuronen eingefangen und festgehalten, die in genau diesem Augenblick gefeuert haben.

Jeder Muskel, jeder Nerv und jedes Gewebe, die an diesem Erlebnis teilhatten, wurden beeinflußt und werden sich auf ihre eigene Art und Weise daran "erinnern".

Wilder Penfield steht für viele Forscher der Neurologie mit seiner Schlußfolgerung, daß die Aufzeichnung von allem, was wir erlebt haben, im Zentralnervensystem bleibt. Nichts wird vergessen.

Im Zusammenhang mit seinen Forschungsarbeiten am Schläfen-lap-pen des Gehirns schreibt Penfield: "Da die Elektrode eine Zu-fallsstichprobe der entfernteren Vergangenheit aus diesem Streifen aktivieren kann und dabei die unwichtigsten und völlig vergessene Zeitabschnitte erscheinen können, scheint es, daß er wirklich alle Abschnitte des bewußten Lebens eines jeden Individuums enthält ... Der Strom des Bewußtseins fließt unaufhaltsam weiter (in den Worten von William James beschrieben), aber anders als ein Fluß hinterläßt er eine beständige Aufzeichnung, die vollständig zu sein scheint, was die wachen Augenblicke dieses Menschenlebens be-trifft – eine Aufzeichnung, die zweifellos wie ein roter Faden entlang einem ganglionalen und synaptischen Durchgangsweg im Gehirn zieht."

Peter Nathan, Neurologieforscher am National Hospital for Ner-vous Diseases, London, schrieb:

"Ich untersuchte einmal das Problem der Befreiung von den Schmerzen, die manche Patienten nach der Amputation von Glied-maßen erleben. Einer dieser Patienten war ein junger Mann, der sein Bein während des Koreakrieges verloren hatte. Im Laufe eines Tages führte ich verschiedene Maßnahmen am Stumpf seines Unterschen-kels aus. Viele davon waren schmerzhaft, und alle hatten den Effekt, daß ein Schwall von Nervenimpulsen von diesem Schenkel aus in das Rückenmark geschickt wurde.

In der Nacht nach diesen Tests erwachte der Patient plötzlich aufgrund starker Schmerzen in seinem nicht mehr vorhandenen Bein. Er wußte sofort, was für ein Schmerz das war. Fünf Jahre, bevor sein Bein amputiert wurde, war er beim Eishockeyspielen hingefallen, und die Außenseite seines Beines war durch einen Schlittschuh aufgerissen worden. In der gegenwärtigen Nacht fühlte er in seinem Phantombein wieder die gleichen Schmerzen wie damals. Es war nicht nur Erinnerung an diese Verletzung, sondern er spürte erneut all die Empfindungen in seinem fehlenden Bein, die er damals gespürt hatte. Das Auftreten einer gewissen Veränderung zeigte sich, als einige Jahre später bei einer anderen Gelegenheit die selben Neuronen erneut stimuliert wurden."

Aus den Nachforschungen von Dr. Robert G. Health, Leiter der Abteilung für Neurologie/Psychiatrie der Tulane School of Medicine: "Wenn sich eine Person an vergangene Erlebnisse mit Marihuana erinnert, laufen im Gehirn die gleichen Aktivitäten ab, als ob diese Person tatsächlich Marihuana rauchen würde."

Zellen lernen und erinnern sich an neue Aufgabenbeschreibungen

Wir können das Zellgedächtnis sowohl psychologisch als auch physiologisch ändern, wann immer wir die ENTSCHEIDUNG treffen, das zu tun. Genauso wie wir Muskelzellen für eine neue Funktion trainieren können, können wir Erinnerungszellen im Gehirn neu trainieren. Der Trick dabei ist, an die spezielle *Schicht* von Zellen heranzukommen, die den *Kern* der Erinnerung birgt.

Wie kommt man dorthin? Identifiziere und verfolge die genaue Emotion, die im *Ursprung* mit dem Ereignis verschmolzen wurde.

Wie identifziert man die genaue Emotion? Indem man per Muskeltest das Verhaltensbarometer abfragt.

Wie verfolgt man diese Emotion bis zur Ursache? Indem man per Muskeltest eine Altersrezession macht. Wie befreit man das Herzstück der Erinnerung von seiner ursprünglichen Aufgabenbeschreibung? Löse die negative Emotion ab, die es beinhaltet. Wie trainiert man es um? Kreative bildliche Vorstellung und Infusion.

Die Zukunft ist in keiner Weise vorbestimmt. Dein Wunsch oder dein Glaube kann buchstäblich in die Zeit zurückgreifen und den Nerven neue Tricks beibringen. Präzise Re-organisation der Erinnerung aus der Vergangenheit re-organisiert die Wahrnehmung in der Gegenwart und erlaubt dir so, dich auf völlig andere Art und Weise zu verhalten.

Kann das nicht ohne Altersrezession erreicht werden?

Wir haben herausgefunden, daß Korrekturen, die nur in der Gegenwart gemacht wurden, nur so lange andauern, bis der nächste größere Stressor auftaucht. Denke darüber nach, das ist wichtig.

Die Gegenwart beschäftigt sich hauptsächlich mit der Bewußtseinsebene. Sie spricht nicht so deutlich zur unterbewußten und zur Körper-Ebene. Wir hatten einige verblüffende Erlebnisse mit Leuten, die in psychotherapeutischer (oder anderer beratender) Behandlung waren und glaubten, sie wären in bezug auf größere Probleme "klar". Sie waren klar, aber nur auf der bewußten Ebene. Nach Hunderten von Stunden und Tausenden von Dollars enthielten Unterbewußtsein und Körper immer noch NEL bezüglich der Themen, von denen diese Menschen glaubten, daß sie sie endgültig abgeschlossen hätten.

Nein, die Gegenwart zu reparieren trägt sehr wenig dazu bei, verwandte (und unterstützende) Probleme auf unserem dreidimensionalen Zeitpfad abzulösen.

Ein gutes Beispiel: Aspirin gegen Kopfschmerzen nehmen. Es mag den heutigen Kopfschmerz lindern, aber was ist mit dem morgigen? Der einzige Weg, dem morgigen Kopfschmerz vorzubeugen, ist es, die schmerzhaften Gesterns abzulösen, die die Kopfschmerzen an einem speziellen Stressor festkeilen.

Und was ist der beste Weg, um das zu tun? Benutze die Altersrezession, um das Alter der *Ursache* (den Zeitpunkt der Verursachung) zu identifizieren und abzulösen, damit du eine WAHL hast, wie du auf das Thema reagierst!

Beispiel: Machen wir eine Gedächtnisreise!

Erinnerst du dich an das allererste Mal als du versucht hast, ein zweirädriges Fahrrad zu fahren, Ski oder Schlittschuh zu laufen?

Denke an diese Zeit, behalte sie im Geiste und laß dich dabei von einem Partner testen, welchen Prozentsatz an NEL du auf diesem Thema hast.

NEL _______ %

Was könntest du von dem, was du heute weißt, deinem Kind-Selbst empfehlen, wie man es besser, leichter und sicherer macht? Denk darüber nach, während du, bitte, Stirn-Hinterkopf-Halten machst und atmest. Geh jetzt durch die ganze Szene. Sieh dich selbst, wie du perfekt, mit Selbstvertrauen und Sicherheit das Fahrrad fährst oder Ski bzw. Schlittschuh läufst.

Nun teste den NEL-Prozentsatz nach und schau', ob sie auf 0 Prozent heruntergekommen ist.

Wenn sie auf 0 ist, schau' dich im Raum um, sieh dir die Bilder an der Wand an. Fühle den Stuhl, auf dem du sitzt. Bewege deine Füße auf dem Boden.

Und siehe da! Du hast gerade eine Altersrezession samt einer Defusion und der Rückkehr in die Gegenwart erlebt.

Ja, es ist wirklich so einfach. Du hast das Alter der Ursache identifziert, indem du dich an ein bestimmtes Ereignis in der Vergangenheit erinnert hast. Du hast dich mit Hilfe von Stirn-Hinterkopf-Halten und kreativer bildlicher Vorstellung selbst abgelöst, um deine Wahrnehmung zu verändern. Das Wiederspüren des Zimmers, des Stuhls und des Bodens unter deinen Füßen hat dich lediglich in die Gegenwart zurückgebracht. Der einzige Unterschied zwischen dem, was du gerade getan hast, und dem, was wir tun, ist der, daß wir den Muskeltest und das Verhaltensbarometer benutzen, um weitere Details zu identifzieren. Die Arbeit selbst ist die gleiche.

Also, als DEFINITION: Altersrezession ist ein Vorgang, mit dessen Hilfe wir das Alter der Ursache für ein spezielles physisches, mentales oder emotionales Trauma aufdecken.

Bitte beachten:

Wir benutzen den Ausdruck "Altersrezession", *nicht* "Altersregression". Webster [das größte amerikanische Lexikon] definiert einen *recess* als einen "einsamen, abgelegenen oder inneren Ort: wie ein unterirdischer Schlupfwinkel oder die Tiefen des Unterbewußtseins". [Anm. d. Übers.: Regression hat mehr die Bedeutung von Rückschritt, Rückkehr; psych.: Rückfall in alte Muster etc.]

Die Altersrezession bringt uns zurück zu den inneren Orten des Unterbewußtseins und zu den speziellen Zeiten, als die Negative Emotionale Ladung mit unserer Wahrnehmung fusionierte. Dann identifiziert die Altersrezession, wo auf der Zeitlinie wir negative Emotion mit dem Thema, das wir in der Gegenwart wahrnehmen, verschmolzen haben. Schließlich lösen wir die NEL aus der Vergangenheit auf, indem wir die Streßauflösungstechniken des ONE BRAIN-Systems benutzen, was wiederum die Wahrnehmung in der Gegenwart steigert. Dabei wird derselbe natürliche neurologische Ablauf benutzt, der ursprünglich die ganze Verwirrung verusacht hat. Wenn man Altersrezession so macht wie wir, bleibt die Testperson immer in ihrer Verantwortung.

HINWEIS: *Die Zeitspanne, die in der Altersrezession abzudecken ist, reicht "von der Gegenwart, vom Heute, Hier und Jetzt bis zur Empfängnis".*

"Gegenwart bis Empfängnis" – warum nicht "bis Geburt"?

Unsere Erfahrungen sagen, daß das Bewußtsein im Augenblick der Empfängnis vollständig ist. Auch wenn das mit deinem Glaubenssystem im Augenblick nicht übereinstimmen sollte, wirst du mit ziemlicher Wahrscheinlichkeit eine ganze Menge von Verursachungszeitpunkten bereits im Mutterleib finden.

Es scheint, daß unsere Wahrnehmung sofort zu arbeiten beginnt. Während der Altersrezession erinnern sich viele Menschen an Erlebnisse, die die Mutter während der Schwangerschaft durchmachte – Besonderheiten, die nur die Mutter selbst wissen kann. Wir "kennen" unsere Eltern von Anfang an, was sie fühlten und durchlebten. Wenn es schon andere Kinder in der Familie gab, hatten wir auch Gefühle, die sie betrafen. Unsere Hoffnungen und Träume, unsere Angst und unser Zorn, alle werden in unseren sich entwickelnden Gehirnen festgehalten.

Noch einmal: Diese Aussagen stammen von unseren Erfahrungen mit Menschen. Wir haben es nicht so geplant, und wir haben diese Arbeit auch nicht mit einem vorher bereits beschlossenen Glaubenssystem über dieses Thema angefangen. Sie hat sich entwickelt, wie wir uns entwickelt haben, indem wir mit Menschen an deren Themen arbeiteten. Wir gingen in der Altersrezession dahin, wohin ihre Arme uns führten.

Vertraue dem System. Gehe dahin, wo es dich hinführt, auch wenn das im Gegensatz zu deiner Meinung steht. Dränge dem Testverfahren nie deine eigenen Überzeugungen auf. Erinnere dich daran, daß du dazu da bist, einem anderen Menschen zu assistieren, ihre oder seine eigene Wahrheit zu finden.

Hinweis für die Zukunft ...

Wenn du später mit der Altersrezession arbeitest, wirst du möglicherweise mehr als einen Halt auf deinem Weg zum Alter der Ursache machen wollen. Diese Altersstufen sind vielleicht nicht chronologisch.

Du könntest dich zum Beispiel in der Situation befinden, daß du mit dem Alter "35" arbeitest, dann "4", dann "12" und schließlich beim "3. Monat im Mutterleib". Es kann sogar sein, daß du an einem Alter vorübergehst, von dem deine Testperson weiß, daß damals ein ähnliches traumatisches Ereignis stattgefunden hat, aber vertraue dem Körper. Wenn diese Ereignisse reif sind, um abgelöst zu werden, werden sie sich zeigen. Und du wirst feststellen, daß die Person durch sie locker hindurchgeht, ohne ihrem System ein neues Trauma hinzuzufügen.

Der Körper gibt dir immer die korrekte Reihenfolge der Prioritäten.

Wenn du eine bestimmte Altersstufe "defust" hast, vervollständige jeden Zyklus, indem du in die Gegenwart zurückkehrst, bevor du mit der Altersrezession fortfährst. Erinnere dich daran: Die Altersstufen, die abzulösen sind, tauchen möglicherweise nicht in chronologischer Reihenfolge auf.

Wenn du wirklich schöne Ergebnisse erzielen willst, respektiere den Menschen und respektiere das Verfahren.

Laß nie einen Menschen in einem Vergangenheits-Zeitrahmen zurück, weil das ein Gefühl des Ausgeschlossen- und Abgeschnittenseins erzeugt, das zeitweise Verwirrtheit und Orientierungslosigkeit hervorruft.

Altersrezession kann positive Verstärkung für die Zukunft schaffen

Wir wählen aus unseren bisherigen Erfahrungen für die Erinnerung nur diejenigen aus, die unsere bewußten Überzeugungen stärken, und ignorieren die, die das nicht tun.

Die Vergangenheit enthält genauso Momente der Freude, Stärke, Kreativität und Erfüllung wie Episoden von Unglücklichsein, vielleicht Verzweiflung und sogar Grausamkeit. Während du so durch dein Leben gehst und arbeitest, dich um die Kinder kümmerst usw., mach dir bewußt, daß alles, woran du denkst, worüber du dir Sorgen machst und worüber du sprichst, das verstärkt, von dem du jetzt im Moment *glaubst*, daß es die "Realität" ist. Mehr als das: Was du jetzt im Moment für die "Realität" hältst, wirkt wie ein Magnet, der Gefühle von all diesen Erinnerungen aus der Vergangenheit anzieht, seien es glückliche oder traurige.

Diese Gefühle von vergangenen Erinnerungen aktivieren ihrerseits die Körpermechanismen und lösen damit aus, daß Vergangenheit und Gegenwart in irgendeine Form von handhabbarer, wenn schon nicht völlig harmonischer Übereinstimmung verschmelzen.

Diese "Fusion" von Vergangenheit und Gegenwart zieht uns *magnetisch* zu ähnlichen Ereignissen in der Zukunft. Wenn wir in bestimmten Erinnerungen schwelgen, erwarten wir, daß sie wieder geschehen.

Wenn uns unser Leben nicht das bringt, was wir wollen, können wir dafür niemand anderem die Schuld geben als uns selbst. Schlimmer: Kein anderer kann unser Leben verbessern. Nur wir selbst können das tun; wir alleine sind verantwortlich dafür, die Art von Leben zu schaffen, die es wert ist, gelebt zu werden. Und wenn es jetzt nicht so ist, so deshalb, weil wir zu irgendeinem Zeitpunkt aufgehört haben, uns auf das zu konzentrieren, was in bestimmten persönlichen Bereichen *gepaßt* hat, in Ordnung war, und statt dessen damit anfingen, mit dem Vergrößerungsglas auf die "Mängel" in unserem Leben zu starren.

Was passiert, wenn du (aus welchem Grund auch immer) glaubst, ein Versager zu sein? Du konzentrierst dich vielleicht Tag für Tag auf negative Ereignisse – Sparmaßnahmen oder dein Gefühl, daß dir etwas fehlt – stapelst sie aufeinander und schaffst unglücklicherweise persönliche Erfahrungen, die deinen Glauben bestärken, daß du ein Versager bist.

Was passiert, wenn du das Gefühl hast, einsam zu sein? Nun, wenn du dich einsam fühlst, dann deshalb, weil du an Einsamkeit glaubst. Aus der Vergangenheit holst du nur Erinnerungen, die diesen *Glauben* verstärken und Einsamkeit in deine Zukunft projizieren. Du hast eine sich selbst erfüllende Prophezeiung geschaffen, die nur das bringt, was du *nicht* willst.

Nun … wie durchbricht man solche Kreise negativer Verstärkung?

Fange damit an zu verstehen, daß unsere kreative Macht nur in der Gegenwart, im Heute, Hier und Jetzt existiert.

Wir stehen *immer* am Ruder unseres Lebens. Sogar während der Altersrezession sind wir wir selbst *in der Gegenwart*. Von der Gegenwart aus führen wir Regie über das, was in der Altersrezession geschieht.

Nimm dir einen Moment Zeit und schau dich mit weit offenen Augen um. Mach dir bewußt, daß dieser Moment dein einziger Moment der Macht ist. Durch WAHL in der Gegenwart kannst du vergangene Erinnerungen umwandeln und, oh ja, zukünftige Ereignisse ebenfalls.

Die Altersrezession zielt haargenau auf diejenigen Erinnerungen, die die negative WAHL verstärken, die wir in der Vergangenheit getroffen haben. Der NEL-Prozentsatz taxiert das Ausmaß der Ladung, die wir dort festhalten. Sobald wir die Situation ablösen, das Ereignis als das anschauen, was es ist, und uns in der Gegenwart entschließen, die negative WAHL durch eine positive WAHL zu ersetzen, wird dies unsere zukünftige Realität verändern.

Diese positive Wahl zu einem festen Bestandteil der Altersrezession zu machen, garantiert eine effektive Sitzung.

Erwecke die Macht der positiven Wahl in der Altersrezession!

Ja, wirklich! Wenn wir schon zurück durch unsere alten Glaubenssysteme und Gefühle reisen, könnten wir genausogut die Macht der WAHL erwecken. Schließlich ist das der einzige Weg, um unsere Glaubenssysteme zum Besseren zu ändern, auf welchem Weg wir das auch immer wählen. Wie man das tut? Ganz einfach ...

Wenn du das Alter der Ursache abgelöst hast, durchstöbere deinen Erinnerungsspeicher nach den "guten Sachen", deinen "Siegen" bei ähnlichen Themen. Wenn dein Thema beispielsweise Krankheit war, erinnere dich an Zeiten, in denen du gesund warst. Durchforste dein Leben nach Beweisen deiner Gesundheit. Alleine die Tatsache, daß du lebst, ist ein knallharter Beweis, daß Gesundheit in dir steckt!

Wenn das Thema Mißerfolg war, mach eine geistige Reise durch die Erfolge, die du hattest. Wenn das Thema Einsamkeit war, erinnere dich an die Zeiten, in denen du ein gutes Gefühl dabei hattest, allein zu sein, als du dich in dir selbst und mit dir selbst vollständig gefühlt hast. Wir sind nicht der Gnade unserer vergangenen Glaubenssysteme ausgeliefert, und je früher wir damit beginnen, gemäß unseren neuen Überzeugungen zu handeln, umso besser!

Plane während der Altersrezession, die Vergangenheit durch die WAHL, die du in der Gegenwart triffst, zu *re-programmieren*.

Benutze die Macht deiner Phantasie!

Erinnere dich daran, daß Gehirn und Körper keinen Unterschied zwischen realem und "eingebildetem" Erleben machen. Was wir mit unseren physischen Augen und was wir mit dem geistigen Auge sehen, erzeugt die gleichen Emotionen.

Was immer du auch fühlen magst (und warum auch immer du es fühlst), der Körper antwortet sofort – und vollständig – auf Emotion.

Manchen Menschen mögen Phantasievorstellungen "albern" und als eine Zeitverschwendung erscheinen. Das ist Gerede des Glaubenssystems, nicht neurologische Tatsache. Das Training in anscheinend unrealistischen Phantasievorstellungen kann dir recht praktikable Lösungen für ganz reale "Probleme" und Herausforderungen bescheren.

Selbst wenn so ein Training keine sofortige Einsicht oder ein deutliches "Aha!" bringt, wirst du mehr Erkenntnis und ein Gefühl der Erleichterung bekommen. Wenn wir erst einmal erkennen, daß unsere Möglichkeiten nicht auf das beschränkt sind, was wir jetzt glauben, beginnen unsere "kreativen Säfte" zu fließen, und der Verjüngungsprozeß hat angefangen.

Laß uns mal annehmen, du führst derzeit eine unglückliche Ehe. Sagen wir mal, das Thema ist, daß du dich nicht geliebt fühlst. Während der Altersrezession hast du das Alter der Ursache identifiziert und die NEL abgelöst.

Nun nimm dir einen Augenblick Zeit, um dir dich mit jemandem vorzustellen, der dich liebt. Was soll's, wenn das Mel Gibson oder eine Elisabeth Taylor ist? Das ist gut genug für den Beginn. Es ist nur eine Übung in deiner Vorstellung, wie du weißt. Trotzdem, wenn du die Übung oft genug und mit genügend lebhafter Phantasie wiederholst, wirst du dich allmählich *automatisch* geliebt fühlen (und deshalb auch der Liebe würdig!), wohingegen du dich vorher zurückgestoßen, wertlos und minderwertig gefühlt hast.

Dieses Gefühl, geliebt zu werden, der Liebe würdig zu sein, kann deine Realität verändern und die Liebe magnetisch in deine Richtung ziehen. Es wird dann leichter sein, sich wie jemand zu benehmen, der geliebt wird. Das wird *sichtbar*, wie du weißt. Auch deine Haltung und dein Aussehen werden anders sein.

Wenn dein/e Geliebte/r sieht, daß du eine andere Seite deiner selbst zeigst – wer weiß? Möglicherweise wird deine positive Veränderung eine ähnlich positive Veränderung im Partner bewirken.

Andererseits könnte dein erfreulicheres, lebendigeres und interessierteres Selbst einen neuen Partner zu dir heranziehen und der alten Beziehung ein Ende bereiten. Die Ehe mag ihrem Zweck gedient haben, und diese neue Liebe mag dir Motivation für fortgesetzte positive Veränderung geben.

Manchmal produziert ein Training der Phantasie sofortige Ergebnisse.

Eine Dame aus Skandinavien kam zu einer Sitzung, weil ihr Liebhaber, mit dem sie seit fünf Jahren zusammen war, vorschlug, daß sie sich mit anderen Männern treffen solle. Er meinte, das sei gut für ihre Beziehung, da die gemeinsame Liebe in seinen Augen nicht mehr so innig war. Er wollte Distanz zwischen sich und ihr, und sie war unentschlossen, was sie tun solle.

In der Minute, in der sie sich Alternativen ausmalte, hatte sie einen Intuitionsblitz und entschied sich dazu, verschiedene vertragliche Vereinbarungen mit ihm zu treffen.

Sie kam nach Hause und sagte ihm, daß sie mit seinen Vorschlägen, wie z. B. andere Leute zu treffen, einverstanden war. Sie sagte ihm auch, daß sie nicht länger Liebende sein würden, aber daß sie gerne weiterhin mit ihm befreundet bleiben würde.

Zu ihrer größten Überraschung schenkte er ihr am nächsten Abend alle Arten von positiver, liebevoller Aufmerksamkeit. Er wollte reden, er wollte nur ihr nahe sein. Erstaunt beobachtete sie seine veränderte Einstellung und die Art, wie er sie behandelte – mit einer neuen Freundlichkeit und Nähe.

Nun hatte sie eine ganze Palette an WAHLMÖGLICHKEITEN! Und das Endergebnis war, daß sie wählte, Lebewohl zu ihm zu sagen.

Altersprogression

Wenn du mit der Altersrezession fertig bist, gehe weiter zur Altersprogression *(age progression)*. Sie erwächst direkt aus der Macht deiner Phantasie.

Wenn du wieder in der Gegenwart bist, die NEL bei 0 Prozent und die PEL bei 100 Prozent ist, sowohl in Kontraktion als auch in Extension, führe dich selbst in die Zukunft: ein paar Tage, Wochen oder sogar ein paar Monate, bis der Indikator wechselt. Dieser Indikatorwechsel bedeutet, daß du einen Zeitpunkt in der Zukunft gefunden hast, zu dem dein Gehirn und dein Körper sich *sicher* genug fühlen, das Thema aufzulösen, das der Grund für die Altersrezession war.

Teste, um deine NEL und PEL festzustellen, und ebenso, was das Barometer zu diesem zukünftigen Zeitpunkt sagt.

Nun untersuche, wo du bist und was du fühlst. Wer ist bei dir? Was tust du? Was hast du an? Woran denkst du?

Gebrauche deine Phantasie, um die positive Wirklichkeit zu schaffen, die du sein, tun und haben möchtest. Untersuche all das bis ins kleinste (imaginäre) Detail.

Wenn du dich beim Betrachten negativer Bilder ertappst, dann spricht dein altes Glaubenssystem. ÄNDERE DAS BILD!

Erlaube deiner Vergangenheit nicht, über deine Zukunft zu bestimmen. Erkenne deine Macht an. Übernimm Verantwortung. Wenn negative Projektion in dir existiert, dann gibt es in dir auch eine positive Projektion. Vergewissere dich, daß deine Zukunftsvorstellung so ist, wie du sie haben willst.

Benutze die Kraft deiner Phantasie. Ihre Macht ist so stark wie physische Realität!

Mit dem Muskeltesten anfangen

... Lege deine Hände sacht auf die Unterarme oberhalb der Knöchel.

... Nimm einen ruhigen Atemzug, zusammen mit deinem Partner. Laß deinen Atem langsam entweichen, während du testest.

... Teste in Kontraktion und dann in Extension.

... Lege deine beiden Daumen auf den Muskelbauch und drücke ihn zusammen, um den Muskel zu beruhigen.

... Teste nach.

... Lege deine beiden Daumen auf den Muskelbauch und ziehe ihn auseinander, um den Muskel anzuregen.

... Teste nach.

... Teste ÜBER-LADUNG, indem du die Hände zuerst an einem Arm, dann bei beiden Armen gleichzeitig wechselst.

... Nimm einen neuen Atemzug und laß den Atem langsam entweichen.

... Frage um die Erlaubnis weiterzumachen. Jetzt bist du so weit, den Ablösungsprozeß zu beginnen dafür, DEN MUT ZU HABEN, DIESE ARBEIT ZU TUN. (Vgl. S. 87)

Seid sanft zueinander, es wird ein herrliches Erlebnis ...

Das Verfahren der Altersrezession/ Altersprogression

1. In der Gegenwart: Stelle das Thema/Problem fest und finde seine

    NEL _______ %

    PEL _______ %

    Barometer _______________________________________

2. Frage: "Können wir das sanft ablösen?" und teste.

3. Frage: "Haben wir die Erlaubnis zur ALTERSREZESSION?" und teste. "Gibt es irgendeinen Grund, warum nicht?" und teste. (Anmerkung: Die doppelte Frage macht für beide Seiten sicher, daß keine BLOCKADE besteht.)

4. Wenn die Erlaubnis gegeben ist, teste zurück Richtung Empfängnis in Schritten von jeweils 10 Jahren. Angenommen, deine Testperson ist 44. Teste: "Von der Gegenwart, heute, hier und jetzt bis zu deinem letzten Geburtstag". Teste: "Von 44 bis 40". Teste: "Von 40 bis 30". Teste: "Von 30 bis 20". Teste: "Von 20 bis 10". Teste: "Von 10 bis zur Geburt". Dann: "Von der Geburt bis zur Empfängnis".

5. Wenn der Indikator wechselt, teste den betreffenden 10-Jahres-Abschnitt von der höheren Jahreszahl nach unten, in Schritten von 1 Jahr. z. B.: "10", dann "9", dann "8" usw. Der Indikator wird wieder wechseln, sobald du das betreffende Alter der Ursache gefunden hast.

Das Verhaltensbarometer

WAHL
BEWUSST

Annahme
Wahl treffen	· zugänglich
optimistisch	· annehmbar
anpassungsfähig	· würdig
verdienstvoll	· offen

Widerstand
angegriffen	· geplagt
in Frage gestellt	· belastet
genervt	· ungehalten
widersetzlich	· fehl am Platz

Bereitwilligkeit
empfänglich	· fähig
bereit	· verantwortlich
ermunternd	· erfrischt
belebt	· gewahr

Zorn
erbost	· wütend
überreizt	· gärend
siedend	· wutentbrannt
geladen	· hysterisch

Interesse
fasziniert	· eingestimmt auf
erforderlich	· willkommen
verständnisvoll	· geschätzt
wesentlich	· fürsorglich

Groll
verletzt	· verlegen, beschämt
verwundet	· benutzt/mißbraucht/verwirrt
nicht gewürdigt	· abgelehnt
verstummt	· gekränkt

UNTERBEWUSST

Begeisterung
amüsiert	· jubelnd
bewundernswert	· anziehend
entzückt	· angeregt
lebendig	· vertrauensvoll

Feindseligkeit
i.d. Falle hängen	· herumgehackt
ausgenutzt	· frustriert
beraubt	· sarkastisch
rachsüchtig	· zurückhaltend

Sicherheit
motiviert	· kühn
geschützt	· beherzt
mutig	· bedacht
liebevoll	· stolz

Verlustangst
ernüchtert	· nicht gehört
bitter	· enttäuscht
bedroht	· übersehen
verängstigt	· unerwünscht

Ebenbürtigkeit
beglückt	· kooperativ
beteiligt	· entschlossen
zuverlässig	· engagiert
aufrichtig	· produktiv

Kummer und Schuld
verraten	· unterworfen
entmutigt	· unannehmbar
selbst-bestrafend	· verzweifelt
besiegt	· ruiniert

KÖRPER

Eingestimmtsein
eingestimmt auf	· in Übereinstimmung
im Gleichgewicht	· schöpferisch
wahrnehmend	· anerkennend
zart	· sanft

Gleichgültigkeit
pessimistisch	· unbeweglich
starr	· betäubt
stagnierend	· empfindungslos
destruktiv	· abgekoppelt

Einssein
still	· geborgen
ruhig	· in Frieden
vereint	· vervollständigt
erfüllt	· Einheit

Trennung
vernachlässigt	· ungeliebt
unannehmbar	· ohne Liebe/nicht liebenswert
unwichtig	· schwermütig
morbid	· verlassen

WAHL/KEINE WAHL

Wenn der Indikator bei mehr als *einem* Jahr wechselt, ist deine Testperson in ÜBER-LADUNG. Korrigiere ÜBER-LADUNG und fange erneut bei der höheren Jahreszahl an: "10" und TESTE, "9" und TESTE usw.

6. Wenn du das Ursachenalter identifiziert hast, teste nach:

NEL _______ %

PEL _______ %

Barometer _______________________________

Wer oder was war beteiligt? (Mutter/Vater, Bruder/Schwester, Schule/Arbeit, Freunde usw.) Das Barometer erzählt die zugrunde-liegende Geschichte, wenn du alle drei Ebenen der Erkenntnis benutzt.

7. Korrigiere alle "Negativa" mit Stirn-Hinterkopf-Halten und kreativer bildlicher Vorstellung. Mache weiter, bis du 0 Prozent NEL und 100 Prozent PEL sowohl in Kontraktion als auch in Extension hast. Das ist von absolut größter Wichtigkeit!

8. Wenn du 0 Prozent NEL und 100 Prozent PEL hast, ist es Zeit, daß deine Testperson folgendes tut:

> a) Nutze die Kraft deiner Phantasie, um Möglichkeiten und Alternativen für dein zukünftiges Verhalten/Handeln in bezug zu diesem Thema zu finden.

> b) Schaffe ein Bild oder mentales Symbol für die "Infusion". Beziehe dieses Bild oder Symbol auf den ersehnten Geisteszustand des Barometers im Alter der Ursache/zum Zeitpunkt der Verursachung.

Laß deine Testperson dieses Symbol im Ursachenalter mit so vielen Sinneswahrnehmungen wie möglich erleben. Frage: "Haben wir die Erlaubnis, in die Gegenwart zurückzukehren?" Wenn nicht, brauchst du möglicherweise ein Bild oder eine Sinneswahrnehmung oder eine neue Einsicht, wie sich das alles auf die GEGENWART bezieht. Gehe anschließend in die Gegenwart zurück, wobei du das Symbol bei jedem Zehnerschritt verankerst. Angenommen, das Ursachenalter war 6, dann wäre dein nächster Schritt "10". Sage deiner Testperson: "Halten, nimm einen tiefen Atemzug und erlebe dein Symbol."

Wiederhole diesen Vorgang bei "20", "30" usw. bis zurück zur und in der Gegenwart (Heute, Hier und Jetzt).

9. In der Gegenwart: Vergewissere dich, daß du 0 Prozent NEL und 100 Prozent PEL sowohl in Kontraktion als auch in Extension hast.

(Wenn nicht, benutze Stirn-Hinterkopf-Halten, tiefes Atmen und kreative bildliche Vorstellung, bis du 0 bzw. 100 Prozent hast.)

10. Um den Prozeß der positiven Veränderung zu unterstützen, mache jetzt eine ALTERSPROGRESSION mit deiner Testperson. Geht ein paar Tage, Wochen oder Monate in die Zukunft. Frage vorher: "Haben wir die Erlaubnis zur Zukunftsvorstellung?"

__ Ja, __ Nein

Wenn du eine negative Antwort bekommst, führe keine ALTERS-PROGRESSION durch, ansonsten:

Teste in der Zeit nach vorwärts, bis der Indikator wechselt.

NEL ______ %

PEL ______ %

Barometer ________________________________

Benutze Stirn-Hinterkopf-Halten, Atmen und gelenkte bildliche Vorstellung, um positive Visualisierung sicherzustellen. Hier ist das Muster zum Verbalisieren:

"Nun stelle dir vor, wie die Dinge anders sind. Wie fühlst du dich? Was tust du? Mit wem bist du zusammen? Was hast du an?" usw.

(Wenn aus irgendeinem Grund die Bilder, die aufkommen, nicht positiv sind: *"Ändere das Bild!"*)

Wenn du 0 Prozent NEL und 100 Prozent PEL hast, gehe zur Gegenwart zurück.

11. In der Gegenwart: Prüfe, ob noch irgendein NEL-Prozentsatz auf der Sitzung selbst besteht. Benutze Stirn-Hinterkopf-Halten, tiefes Atmen und kreative bildliche Vorstellung, um die NEL auf 0 Prozent zu bringen.

Alles zusammensetzen

Also, jetzt kennst du unsere grundlegenden HANDWERKSZEUGE, und es ist an der Zeit zu sehen, wie sie alle in einer tatsächlichen Sitzung in bezug auf ein konkretes Problem zusammenkommen.

Wir möchten, daß ihr alle das gleiche Themabearbeitet (ablöst), und dieses lautet: "Den Mut haben, diese Arbeit zu tun".

Ganz recht: "Den Mut haben, diese Arbeit zu tun" – weil es wahren Mut erfordert. diese Arbeit zu tun. Für viele Menschen ist sie zunächst ein bißchen bedrohlich, weil sie so *unkonventionell* ist. Dein momentanes Glaubenssystem könnte dir auch tatsächlich einflüstern, daß sie unwichtig ist. Manche Leute kochen regelrecht über, wenn ihnen bewußt wird, daß ihr Körper eine Wahrheit erzählen könnte, vor der sie Angst haben, ihr auf einer bewußten Ebene zu begegnen.

An diesem Punkt brauchst du ein wenig Ermutigung, um diese Fertigkeiten und all das, wofür sie stehen, mit deinem derzeitigen *Glaubenssystem* zu vereinen. Nun, der beste Weg, dich selbst mit dieser Arbeit zu verbinden, ist sie zu tun – ihre Klarheit zu erleben wie auch die unglaubliche Wohltat an Einsicht, Verständnis und Erleichterung, sowohl als Tester/in als auch als Testperson.

Also nimm einen tiefen Atemzug und mach weiter. Warum nicht? Die "Defusion"-Vorgabe auf den nächsten Seiten sagt dir, was zu tun ist und wie es zu tun ist. Es ist wirklich ganz einfach. Tatsache, du wirst es faszinierend finden!

Drei letzte Erinnerungen:

1. Wenn du herausfindest, wo dein Thema auf dem Verhaltensbarometer lebt, sieh dir unbedingt alle *drei* Bewußtseinsebenen an. Indem du das tust, beginnst du mit dem Prozeß, "die Geschichte zu erzählen", warum Mut ein Thema in der Gegenwart ist und warum es im Ursachenalter ein Thema war.

2. Sei nicht überrascht, wenn du mehr als einen Halt auf dem Weg zum Ursachenalter machst. Benutze deine Fertigkeiten, um jede einzelne Altersstufe auf 0 Prozent NEL und 100 Prozent PEL zu bringen.

3. Denke daran, in die Gegenwart zurückzukehren, wenn du eine Altersstufe abgelöst hast, die aufkommt, bevor du das Ursachenalter erreicht hast.

Defusion:
Den Mut haben, diese Arbeit zu tun

Teste in der Gegenwart zu diesem Thema: Haben wir die Erlaubnis?
Wenn JA __, weitermachen / wenn NEIN __, NICHT weitermachen.

NEL ______ %
PEL ______ %

Können wir *sanft* tablösen? JA ___ , NEIN ___

Wenn "nein", benutze Stirn-Hinterkopf-Halten und kreative bildliche Vorstellung, um "sanft" möglich zu machen. Wenn die Arme dem "sanft" zustimmen, mache weiter, indem du das Barometer zum Thema "Den Mut haben, diese Arbeit zu tun" testest.

Barometer: Prioritäts-Ebene _______________________
Hauptkategorie: _______________________
Unterkategorie: _______________________

Barometer-Ebene: _______________________
Hauptkategorie: _______________________
Unterkategorie: _______________________

Barometer-Ebene: _______________________
Hauptkategorie: _______________________
Unterkategorie: _______________________

Sieh nach, was die beiden anderen Bewußtseinsebenen zu sagen haben. Das ist nur zur Information. Löse die Gegenwart nicht ab. Beginne die Altersrezession.

Alter ______
Ist das das Ursachenalter? JA ___ , NEIN ___

Wenn "nein", löse diese Altersstufe ab und gehe zur Gegenwart zurück. Wenn "ja", löse diese Altersstufe ab und mache dann auf Seite 90 mit der INFUSION weiter.

NEL ______ %
PEL ______ %

Barometer: Prioritäts-Ebene _______________________
Hauptkategorie: _______________________
Unterkategorie: _______________________

Barometer-Ebene: _______________________
Hauptkategorie: _______________________
Unterkategorie: _______________________

Barometer-Ebene: _______________________
Hauptkategorie: _______________________
Unterkategorie: _______________________

Handschriftliche Notizen (linker Rand und unten):

Einstimmung / Vortest
1| Erlaubnis + Gegenfrage (klares "Ja", klares "Nein")
2| Wassertest
3| Zentralgefäß
4| Muskelberuhigung
    Nj stärken (S. 31)
5| Switching-Test
bei Blockade
Arme bewegen
atmen (S. 32-37)
Akupunkte massieren
über-Ladungstest (S36)

Thema
1/ Erlaubnisfrage + Gegenfrage
2/ Thema festlegen (muß schwach testen wg. Streß) + Gegenfrage
3/ NEL % erfragen gibt es Streß auf diesem Thema (evtl. Gegenfrage)
4/ Barometer-Wort
5/ Streßabbau (innere Bühne)
    Stirn + Hinterkopf oder liegende Achten
    + infundieren des PEL (Infusion - S. 69)   (S. 68/69!!)
    - dann stumm vor sich sehen
    (der Streß in der Gegenwart ist damit abgebaut

Nachtest
1/ Barometer-Worte (müssen stark sein)
2/ NEL muß 0 % sein (ist nicht kategorisch)
3/ PEL muß 100 % sein

Frage: gibt es etwas Schönes zum "Ankern" das du mitnehmen willst, ein Symbol
Sitzung beendet für die Gegenwart

Sieh dir die anderen Bewußtseinsebenen auf dem Barometer an. Löse ab mit Stirn-Hinterkopf-Halten, tiefem Atmen, Besprechen des Themas und kreativer bildlicher Vorstellung.

Nach der Defusion: NEL _____ %, PEL _____ %

Frage um Erlaubnis, zur Gegenwart zurückzukehren, tu das und mache erneut eine Altersrezession. Teste beim nächsten Halt in der Altersrezession:

Alter _____

Ist das das Ursachenalter? JA ___ , NEIN __

Wenn dies das Alter der Ursache ist, löse es ab und fahre mit der INFUSION auf Seite 90 fort.

NEL _____ %

PEL _____ %

Barometer: Prioritäts-Ebene ____________________________

Hauptkategorie: __________________________________

Unterkategorie: __________________________________

Barometer-Ebene: ________________________________

Hauptkategorie: __________________________________

Unterkategorie: __________________________________

Barometer-Ebene: ________________________________

Hauptkategorie: __________________________________

Unterkategorie: __________________________________

Schau nach, was die beiden anderen Bewußtseinsebenen zu sagen haben. Defuse mit Stirn-Hinterkopf-Halten.

Nach der Defusion: NEL _____ %

PEL _____ %

Bitte um Erlaubnis, in die Gegenwart zurückzukehren, dann mache erneut eine Altersrezession. Beim nächsten Halt in der Altersrezession teste:

Alter: _____

Ist dies das Ursachenalter? JA ___ , NEIN ____

Wenn dies das Alter der Ursache ist, geh zur Seite 90 weiter, wenn nicht:

NEL _____ %

PEL _____ %

Barometer-Ebene: ______________________________

Hauptkategorie: ________________________________

Unterkategorie: ________________________________

Sieh dir die beiden anderen Bewußtseinsebenen an. Löse ab mit Stirn-Hinterkopf-Halten usw.

Beim Ursachenalter

Laß Erinnerungen an Erfolge an deinem inneren Auge vorbeiziehen.

Stelle dir positive Alternativen vor.

INFUSION: Symbol/Bild _______________________________________

Infundiere zurück in die Gegenwart und prüfe:

NEL _______ %, PEL _______ %

Wenn notwendig, wende Stirn-Hinterkopf-Halten (usw.) an, um NEL und PEL zu korrigieren.

Mache dann eine ALTERSPROGRESSION:

Zeit in der Zukunft _________________, NEL _______ %, PEL _______ %

Verbalisieren/Visualisieren. Korrigiere NEL/PEL mit Stirn-Hinter-kopf-Halten (usw.). Kehre nun in die Gegenwart zurück.

Gegenwart: NEL _______ %, PEL _______ %

Korrigiere ggf. wie gehabt. Teste dann:

Gibt es irgendeine NEL auf die Sitzung selbst? Wenn ja:

NEL _______ %

Löse ab auf 0 bzw. 100 Prozent, wie gehabt.

Herzlichen Glückwunsch!

Deine erste THREE IN ONE-Defusion war ein glänzender Erfolg!

Warum unser THREE IN ONE-Handwerkszeug funktioniert

Diese Werkzeuge funktionieren, weil sie eine so wunderbare Schnittstelle zwischen der neurologisch-physiologischen *Realität* des Gehirns und den Körper*funktionen* sind.

Eine Art, das Gehirn zu beschreiben: Es ist das physische Gegenstück zum Geist. Das Gehirn transformiert Ereignisse eines nichtphysischen Ursprungs in physische Realität. Mit anderen Worten: Was wir *im Geiste* für wahr halten, *ist* im *physischen* Sinne wahr, soweit es das Gehirn betrifft. Die physische Konstitution unseres Körpers reflektiert unsere Glaubenssysteme. Mehr als das: *Sie reflektiert die Emotion und den Streß, die von unseren Glaubenssystemen verursacht werden.* All ihre Sinnesdaten spiegeln getreu, was immer unser derzeitiges Glaubenssystem für gültig erklärt. Unser Glaubenssystem führt die Regie über ihre Aktivität und infolgedessen über die Aktivität des Körpers.

Wenn du deine Vorstellungen von dir selbst änderst, ändert sich auch dein Erleben

Glaubenssysteme ziehen bestimmte Ereignisse leichter als andere an und lassen sie geschehen. Also bestimmen sie das Eintreten von erlebten Ereignissen aus einer endlosen Vielfalt von anderen möglichen Ereignissen. Wenn du glaubst "Ich bin dumm", wirst du diesen Glauben verwirklichen, indem du dumme Dinge auf eine dumme Art und Weise tust. Kluge Dinge zu tun würde nicht mit dem übereinstimmen, was du von dir selbst glaubst.

Beispiel: Wenn du dich hinsetzt, um eine Prüfung abzulegen, haben deine Glaubenssysteme aus der Vergangenheit sofortigen Zutritt über die Nervensynapsen. Das zieht auf *diese* Prüfung deine Erfahrungen mit allen Prüfungen, die du jemals abgelegt hast, positiv oder negativ. Diese vergangenen Ereignisse existieren weiterhin und schaffen ihre eigene "Zukunft" – das heißt: wie du dich wahrscheinlich fühlen wirst und wie du wahrscheinlich handeln wirst, wenn du nächste Woche oder nächstes Jahr wieder eine Prüfung ablegst.

Die Vergangenheit hat ihre eigene Vergangenheit, Gegenwart und Zukunft. Aus einem bestimmten vergangenen Ereignis materialisieren wir eine bestimmte Zukunft. Unsere Erinnerung an dieses Ereignis besitzt eine ganz eigene Dimension.

Was wir klar machen wollen ist, daß der freie Wille auf dem Weg über unsere Glaubenssysteme unsere Erinnerung an jedes beliebige

Ereignis ändern kann. Nachdem die Glaubenssysteme den Angel-
punkt unseres gegenwärtigen Erlebens formen, kann ein neues
Ereignis buchstäblich in der Vergangenheit geboren werden –
"genau jetzt" – durch kreative bildliche Vorstellung.

Neurologisch kann ein neues Glaubenssystem in der Gegenwart
wirklich vergangene Erinnerung ändern. Die Zellen erinnern sich
natürlich an die Vergangenheit, aber wir können sie umerziehen,
anders auf die Vergangenheit zu antworten. In der Tat, unsere
gegenwärtigen Glaubenssysteme können wirklich unsere *Wahrnehmung* der Vergangenheit ändern.

Auch schwere Krankheiten können zum Beispiel spontan verschwinden. Wie ist das möglich, wenn nicht etwas Realeres als die
"reale" Krankheit stattfindet? Es geschieht, weil der Betreffende an
die Kraft des Heilens (oder an den Heiler) mehr glaubt als an die
Krankheit. Der Geist greift tief in die biologischen Strukturen hinein,
um die Wahrscheinlichkeiten zu ändern, und der Zustand in der
Gegenwart wird ausradiert – aber auch in der Vergangenheit. Ja, was
wir *glauben* hat die Macht, Umstellungen im ganzen Körper zu
bewirken, Umstellungen, die das Zellgedächtnis, den genetischen
Code, sogar die Nervenmuster, die wir in der Vergangenheit gebildet
haben, beeinflussen.

Genau das ist der Zweck unserer THREE IN ONE-Version der
Altersrezession. Wir setzen neue Erinnerung an die Stelle der alten,
soweit unsere Erinnerungszellen betroffen sind. Defusion der Vergangenheit könnte sogar "latente" Fähigkeiten und Talente aktivieren, die wir uns bis zum heutigen Tage selbst verweigert haben.

Es geht uns nur so weit besser, wie wir glauben, daß es uns besser gehen kann

Nichts verändert sich – körperlich oder geistig –, bis sich das
Glaubenssystem verändert. Unsere Arbeit ist auf dieser Realität
gegründet. Ihr Ziel ist es, die Erinnerung an vergangene Erlebnisse
neu zu entwerfen, um die Wahrnehmung der Gegenwart und das
Verhalten in der Zukunft zu verändern. Wie Shakespeares Hamlet
sagt, ist das

> "eine Vollendung, die inbrünstig zu
> wünschen ist".

"Wünschen" ist nicht genug. Unsere Arbeit beweist, daß du tatsächlich diese Vollendung *haben* kannst, wann immer du *glaubst*,
daß du sie haben kannst. Wir *glauben*, daß du sie jetzt sofort haben
kannst.

Bibliographie

Eckstein, G.: *The Body Has A Head*, Harper & Row, 1969

Esch, D. & Lepley, M.: *Musculoskeletal Function*, U. of Minnesota Press, 1974

Guyton, A. C.: *Physiology of the Human Body*, W. B. Saunders Co., 1979

Kendall, F. P. & McCreary, E. K.: *Muscles Testing and Function*, Waverly Press, Inc., 1983; dt.: *Muskeln. Funktionen und Test*, 2. Aufl., Stuttgart/New York 1988 (Gustav Fischer Vlg.)

Malstrom, S. & Myer, M.: *Own Your Own Body*, Bell Press, 1977

Penfield, W. & Roberts, L.: *Speech and Brain-Mechanisms*, Atheneum, 1966

Rasch, P. J. & Burke, R. K.: *Kinesiology and Applied Anatomy*, Lea & Febiger, 1978

Restak, R. M.: *The Brain The Last Frontier*, Warner Books, 1979; dt.: *Geist, Gehirn und Psyche. Psychobiologie: Die letzte Herausforderung*, Frankfurt 1981 (Umschau-Vlg.)

Schaeffer (Editor): *Morris Human Anatomy*, Blakiston Co., 1946

Stokes, G. & Marks, M.: *Dr. Sheldon Deal's Chiropractic Assistants and Doctors Basic AK Workshop Manual*, Touch for Health, 1983

Stokes, G. & Whiteside D.: *Structural Neurology*, THREE IN ONE CONCEPTS, 1985

Stokes, G. & Whiteside D.: *Under The Code*, THREE IN ONE CONCEPTS, 1985

The Human Body Series, U.S. News Books, 1985

Thie, J. & Mary Marks: *Touch For Health*, DeVorss Co, 1973; dt.: *Gesund durch Berühren*, 7. Aufl., Basel 1990 (Sphinx)

Thompson, C. W.: *Manual of Structural Kinesiology*, C. V., Mosby Co., 1985

Walther, D. S.: *Applied Kinesiology*, Systems D. C., 1976

Wooldridge, D. E.: *The Machinery of the Brain*, McGraw-Hill, Inc., 1963

Zeig, J. K.: *Erickson Approaches to Hypnosis and Psychotherapy*, Brunner/Mazel Publishers, 1982

Wir drei von THREE IN ONE

Gordon Stokes

Gordon ist seit fast 20 Jahren in leitender Position in der Selbstheilungsbewegung tätig. Sein wissenschaftlicher Hintergrund schließt Verhaltensgenetik sowie Training in Psychodrama und Rollenspieltechnik ein. Beruflich schuf er Marketingprogramme für die *Effectiveness Training Associates* und die PACE-Organisation. Für mehr als eine Dekade war er Direktor für das Training bei der *Touch For Health Foundation*. Während dieser Zeit machte ihn seine unglaubliche Sanftheit und sein Wissen über Angewandte Kinesiologie weltberühmt. Seine Partnerschaft mit Daniel Whiteside begann, als er 1963 seinen Abschluß in Verhaltensgenetik machte. Seither haben er und Daniel zusammen fast alle Veröffentlichungen von THREE IN ONE CONCEPTS geschrieben. Zusätzlich schrieb er *Belling the Cat* (Der Katze eine Glocke umhängen), zusammen mit Brent Howell. Gordon schuf die IASK-Organisation und ist jetzt auch ihr Präsident (IASK ist die Abkürzung für *International Association of Specialized Kinesiologists* (Internationale Vereinigung spezialisierter Kinesiologen). Gordon ist ein meisterhafter Lehrer, der Zuversicht und Einklang mit allen schafft, die bei ihm lernen.

Daniel Whiteside

ist international bekannt für seine Pionierarbeit in Verhaltensgenetik – zusammen mit seinen Eltern, Robert und Elisabeth Whiteside. Er war nicht nur Gast in unzähligen Radio- und Fernsehprogrammen, sondern Hauptperson verschiedener Film- und Videoserien – einschließlich *The CASE series (Communicating and selling effectively)* für die Learnex Corporation, *On the Way up* (RSI Productions) und *Guidance for the 70s* (BFA). In Zusammenarbeit mit Gordon ist er Autor aller unserer Texte und schrieb den Verhaltensgenetik-Bestseller *How to Win over Yourself* (mit seinem Vater Robert) sowie erfolgreiche Novellen. Sein Klientel als Berater schließt u. a. ein: Walt Disney Educational Media, Lockheed und ARCO. Seine 25jährige Partnerschaft mit Gordon erzeugte eine Synthese psychologischer Einsichten mit Verhaltensgenetik – besonders repräsentiert in unseren neuen Seminaren *Relationships* (Beziehungen), *Childhood* (Kindheit) und *Adolescence* (Adoleszenz). Er ist ein brillanter und geistreicher Mann. Daniels bemerkenswertes Wissen über Literatur, Geschichte, Kunst, Archäologie, Musik und Metaphysik charakterisiert all unsere THREE IN ONE-Seminare.

Candace Callaway

Gordon und Daniel wählten Candace als Partnerin aufgrund ihrers unglaublichen Selbstbewußtseins als Individuum und ihrer erstaunlichen fachlichen Fähigkeiten in Verhaltensgenetik (sie machte ihren Abschluß 1980 und lernte bei Daniel am Interstate College of Personology). Gut versiert in einem breiten Spektrum der Metaphysik, der menschlichen Beziehungen und der Parapsychologie, ankert Candace THREE IN ONE CONCEPTS auf mehr als eine Art und Weise. Ihr Dienstplan enthält einen umfassenden Klientenkreis, und sie überwacht außerdem das Einsatzgebiet Burbank und leitet Seminare in der "Heimatstation". Zusammen mit Daniel hat sie die meisten grundlegenden Forschungen betrieben, die in unserer einzigartigen Annäherung an Verhaltensgenetik resultierten. Candace ist das Herz und der Geist von THREE IN ONE CONCEPTS. Tatsache ist, daß unserer Arbeit ohne ihre Erkenntnisse viel an Tiefe und Anwendung fehlen würde. Mit einem Stil, der genauso liebevoll umsorgend und freundlich ist, wie sie selbst entzückend ist, manifestiert sich Candaces spezielle Sachkenntnis hauptsächlich auf der essentiellen (spirituellen) Ebene des Bewußtseins.

Verhaltens-Barometer

Farbige Wandkarte, hrsg. v. Institut für Angewandte Kinesiologie Freiburg

Format 60 x 85 cm (A1), beidseitig laminiert, 58,- DM/sFr.

■ Das Verhaltens-Barometer, bekannt aus der Arbeit von *Three in One Concepts*, läßt sich auf vielen kinesiologischen und psychologischen Anwendungsgebieten einsetzen.

Emotionen der 5 Elemente

Farbige Wandkarte, hrsg. von Dr. Bruce Dewe, Neuseeland

Format 43 x 60,5 cm, beidseitig laminiert, 38,- DM/35,- sFr.

■ Auf dieser Karte finden Sie eine übersichtliche Anordnung der 5 Elemente mit den dazugehörigen Meridianen und Emotionen.

Integrationsübungen / Energieausgleich : (Reihenfolge egal)

Thymusstärkung (Uhr auf dem oberen Brustbein - Drosselgrube noch rechts
liegende ∞ (Unendlichkeitsübung) - nach links
oben anfangen = immer Zentralgefäß am/unten nach aufwärts arbeiten
X Twist mit Augen nach links oben

Diamond - Twist mit Zunge am Gaumen

Das INSTITUT FÜR ANGEWANDTE KINESIOLOGIE FREIBURG veranstaltet laufend Kurse in *Edu-Kinestetik, Touch For Health (Gesund durch Berühren), Natürlich besser sehen* und in den verschiedenen Bereichen der Angewandten Kinesiologie. Durch engen Kontakt mit den Pionieren der Methode in den USA ist das Institut in der Lage, ständig die neuesten Entwicklungen auf dem Gebiet der Angewandten Kinesiologie zu präsentieren.

Außerdem fördert das Institut die Verbreitung der Angewandten Kinesiologie im deutschsprachigen Raum durch Literaturempfehlungen und Adressenvermittlung. Wer an der Arbeit des Instituts interessiert ist, kann kostenlose Unterlagen anfordern bei:

INSTITUT FÜR ANGEWANDTE KINESIOLOGIE FREIBURG

Zasiusstraße 67
D-7800 Freiburg
Telefon 07 61 - 7 27 29
Telefax 07 61 - 70 63 84